Sekrety finaı

Jak zacząć tworzyć i pomnożyć swój majątek

oraz osiągnąć finansową niezależność

Viktor Folomeyev

ISBN: 9798876752499

DEDYKACJA

Dedykuję Tę książkę swojej żonie Marysi.

Dziękuję Ci ukochana za cierpliwość do mnie,

za wsparcie w trudach i wspólną radość w chwilach sukcesu.

Kocham Cię jak nikogo na świecie!

Spis treści

Wstęp

Ta książka to kompendium wiedzy, której potrzebujesz, aby zacząć budować swoją finansową przyszłość. Niezależnie od tego, czy dopiero zaczynasz swoją przygodę z finansami, czy też chcesz jeszcze bardziej rozwinąć swoje umiejętności, "Sekrety finansowej inteligencji" dostarczą Ci niezbędnej wiedzy i inspiracji.

Wprowadzeniem do niej będzie cytat z autorytetu w temacie inteligencji finansowej, biznesowej i rozwoju osobistego Wallace D. Wattles-a. W swoim światowym bestsellerze „Sztuka wzbogacania się" napisał:

> *„Cokolwiek by powiedzieć w pochwale biedy, fakt pozostaje faktem, że nie da się prowadzić pełnego, udanego życia, jeśli nie jest się zamożnym. Żaden człowiek nie jest w stanie osiągnąć pełni rozwoju swego talentu czy życia duchowego, jeśli nie posiada odpowiedniej ilości środków finansowych; by odkryć duszę czy*

*rozwinąć talent — potrzeba użycia wielu
rzeczy, a żeby je zdobyć — niezbędne są
pieniądze do ich zakupu. (…)*

*Człowiek rozwija swój umysł, duszę i ciało
poprzez robienie użytku z rzeczy, a
społeczeństwo jest zorganizowane w taki sposób,
że człowiek musi mieć odpowiednią ilość
pieniędzy, by stać się posiadaczem tych rzeczy,
dlatego podstawą wszelkiego rozwoju człowieka
musi być nauka o zdobywaniu bogactwa. (…)*

*Żaden człowiek nie powinien być zadowolony z
małych rzeczy, jeśli stać go na zdobycie rzeczy
dużo większych i cieszenie się nimi."*

Według mnie jest to absolutna prawda. Kiedyś byłem w nadzwyczajnej ciężkiej sytuacji finansowej i wiem, że w tamtym momencie całe moje myśli i działania obracały się wokół pytania – jak przetrwać ten dzień? Jak zdobyć jedzenie, ubranie, dach nad głową? Nie było mowy o edukacji, rozwoju osobistym czy czymkolwiek, co nie dawało środków do przetrwania teraz i tutaj. Dla wielu osób taki stan rzeczy wystarczył, by na zawsze pozostać niezamożnymi czy wprost mówiąc biednymi. Bardzo wielu nie znalazło w sobie siły i zasobów aby pokonać tę sytuację i zmienić swoje życie na takie, które można byłoby nazwać dostojnym i godnym mieszkańca Europy 21-go wieku.

Wierzę, Drogi Czytelniku, że ten e-book stanie się dla Ciebie inspiracją i wyznacznikiem do zbudowania takiego życia, jakiego zawsze pragnąłeś. Książka "Sekrety finansowej inteligencji: Jak zacząć tworzyć i pomnożyć swój majątek oraz osiągnąć finansową niezależność" to narzędzie, które może zmienić Twoje życie finansowe. Postarałem się w zrozumiały sposób przedstawić skuteczne strategie i techniki, które pomogą nam zbudować nasz majątek i osiągnąć pełną finansową niezależność.

Postarałem się również umieścić w książce praktyczne wskazówki oraz konkretne kroki, które możesz podjąć, aby rozpocząć budowanie swojego majątku. Przedstawiłem różne metody inwestowania i zarabiania pieniędzy, które są dostępne dla każdego, niezależnie od obecnego statusu finansowego. Dzięki temu, nawet osoby początkujące w dziedzinie finansów mogą łatwo zrozumieć i zastosować przedstawione w książce strategie.

Dodatkowo, pomyślałem o zdrowej psychologii finansowej i odpowiedniego nastawienia do pieniędzy. Wspomniałem również o różnego rodzaju pułapkach i błędach, które często popełniamy w zarządzaniu naszym majątkiem.

Dlaczego warto dążyć do finansowej niezależności?

Czy kiedykolwiek zastanawiałeś się, dlaczego niektórzy ludzie osiągają finansową niezależność, podczas gdy inni tkwią w kurczowym trzymaniu się "normalnej" pracę? W tym rozdziale uchylę rąbka tajemnicy sekretów sukcesu tych, którzy osiągają wolność finansową.

Dlaczego większość z nas jest skazana na pracę do końca życia, zamiast cieszyć się pełnią życia? Jak nasze myślenie wpływa na nasze finansowe rezultaty i dlaczego warto zmienić swoje przekonania w celu osiągnięcia prawdziwej wolności?

Ten rozdział przedstawia wiele praktycznych wskazówek i technik, które możemy wdrożyć, aby zacząć kroczyć drogą ku finansowej niezależności. Ujawnia m.in. tajniki inwestowania, które pomogą nam budować nasz majątek i unikać typowych pułapek finansowych.

Zainspirowany własnym doświadczeniem i sukcesem, nieco prowokuję czytelnika do zastanowienia się nad dotychczasowymi nawykami finansowymi oraz do podjęcia odważnych kroków w stronę zmiany. Mam nadzieję, że prosty styl w połączeniu z praktycznymi wskazówkami stworzy niezwykle motywujące narzędzie dla tych, którzy pragną osiągnąć finansową niezależność.

Rozdział "Dlaczego warto dążyć do finansowej niezależności?" nie tylko daje wgląd w psychologię sukcesu finansowego, ale także pokazuje, jak każdy z nas może zacząć zmieniać swoje życie na lepsze już dziś. Przekonaj się sam, dlaczego warto dążyć do finansowej niezależności i jakie korzyści niesie ze sobą ta droga. Finansowa niezależność jest, a przynajmniej musi być czymś, czego pragnie większość osób na całym świecie. W tej książce postaram się to uzasadnić. Na dodatek zaznaczam, że dla ludzi biednych może to być jeszcze bardziej istotne. Kiedy im się udaje osiągnąć finansową niezależność, ich życie zmienia się nie do poznania.

Oto kilka powodów, dlaczego warto dążyć do finansowej niezależności:

1. **Swoboda wyboru:** Kiedy jesteśmy finansowo niezależni, mamy większą swobodę w podejmowaniu decyzji dotyczących naszego stylu życia i wydawania pieniędzy. Nie musimy już polegać na innych osobach lub instytucjach finansowych, aby zaspokoić nasze podstawowe potrzeby. Możemy podejmować decyzje zgodnie z naszymi wartościami i celami życiowymi.

Osiągnięcie finansowej niezależności ma również wpływ na twoje zdrowie psychiczne. Kiedy nie musisz ciągle martwić się o swoje finanse, masz więcej czasu i energii na inne ważne obszary życia, takie jak zdrowie, relacje z bliskimi i rozwój osobisty. Możesz skupić się na tym, co naprawdę ważne dla ciebie i czerpać radość z tego, co robisz.

2. **Bezpieczeństwo finansowe:** Nie musisz obawiać się o swoją przyszłość finansową, ponieważ masz wystarczającą ilość oszczędności i dochodów, aby pokryć swoje wydatki i utrzymać swoje standardy życia. Niezależność finansowa daje ci pewność siebie i spokój umysłu, co jest niezwykle cenne. Kiedy jesteśmy w stanie sami zabezpieczyć swoją przyszłość, mamy mniejszy stres i obawy o to, czy uda nam się opłacić rachunki czy utrzymać standard życia.

3. **Realizacja marzeń i celów:** Jeśli jesteśmy finansowo niezależni, możemy skoncentrować się na realizacji naszych marzeń i celów.

Może to obejmować podróże, zakup wymarzonego domu czy założenie własnej firmy. Brak ograniczeń finansowych sprawia, że jesteśmy bardziej zmotywowani do osiągania swoich ambicji. Będąc finansowo niezależnym, nie musisz kierować się tylko względami finansowymi przy podejmowaniu ważnych wyborów. Możesz skupić się na tym, co naprawdę chciałbyś robić w swoim życiu, nie martwiąc się o konsekwencje finansowe. Możesz podróżować, rozwijać się zawodowo, spełniać marzenia i realizować swoje pasje bez ograniczeń.

4. Większa elastyczność zawodowa: Bycie finansowo niezależnym daje nam większą elastyczność w wyborze naszej ścieżki zawodowej. Nie musimy trzymać się nielubianej pracy tylko po to, aby zapłacić rachunki. Możemy poświęcić więcej czasu na rozwijanie naszych pasji i zdolności. Możemy wybierać prace, które nas interesują i traktować je jako wyzwanie lub możliwość rozwoju osobistego.

5. Edukacja i rozwój osobisty: Dążenie do finansowej niezależności wymaga od nas nauki o zarządzaniu finansami, inwestowaniu i odkładaniu pieniędzy. Ten proces może nas ukształtować jako lepszych i bardziej odpowiedzialnych ludzi. Dążyć do posiadania wiedzy na temat finansów prowadzi również do zdobycia umiejętności, które mogą być przydatne w innych obszarach naszego życia.

6. Pomoc innym: Osoby, które osiągnęły finansową niezależność, często mają większą zdolność do pomocy innym. Kiedy posiadasz wystarczające zasoby finansowe, możesz wspierać organizacje charytatywne, pomagać rodzinie i przyjaciołom w potrzebie oraz wpływać na pozytywną zmianę w społeczności. Bycie finansowo niezależnym daje możliwość pozytywnego wpływu na innych ludzi i na świat. To daje ogromną satysfakcję i poczucie spełnienia.

Osiągnięcie finansowej niezależności przynosi wiele korzyści. Zapewnia poczucie bezpieczeństwa, większą swobodę w podejmowaniu decyzji, kontrolę nad swoim życiem, korzystny wpływ na zdrowie psychiczne oraz możliwość pomagania innym. Dążenie do osiągnięcia takiego stanu finansowego jest zatem godne zachęty i postawienia go jako wartościowego celu życiowego. Jest to proces, który wymaga czasu, wysiłku i dyscypliny. Jednak warto zadbać o swoje finanse i dążyć do samodzielności finansowej.

Co powinno motywować każdego z tych, kto szuka finansowej niezależności? Brak zmartwień o pieniądze, możliwość realizacji swoich marzeń i swoboda w podejmowaniu decyzji - to tylko kilka z wielu korzyści napędzających nas na drodze do wolności finansowej.

Powinna towarzyszyć nam świadomość, że sami jesteśmy odpowiedzialni za swoje finanse. To my podejmujemy decyzje dotyczące zarobków, oszczędzania i inwestowania. Jeśli chcemy osiągnąć finansową niezależność, musimy działać aktywnie i podejmować mądre decyzje finansowe.

Ważnym motywatorem jest również możliwość zabezpieczenia przyszłości poprzez swoją pracę. W dzisiejszych czasach, gdzie rynek pracy staje się coraz bardziej konkurencyjny i nieprzewidywalny, posiadanie stałego źródła dochodu pasywnego może być niezwykle cenne, gdyż daje nam gwarancję, że będziemy w stanie zapewnić sobie ekonomiczną stabilność w przypadku utraty obecnej pracy czy nagłych trudności finansowych.

Nie można zapominać również o chęci zrealizowania swoich marzeń i celów życiowych. Niezależność finansowa daje nam możliwość podróżowania, rozwijania swoich pasji, inwestowania w edukację czy zakładanie własnego biznesu. Jeśli nasze marzenia wymagają pewnej kwoty pieniędzy, musimy być zdeterminowani i skoncentrowani na osiągnięciu tego celu.

Dodajmy do tego poczucie satysfakcji i dumy, które towarzyszą osiągnięciu finansowej niezależności. Wiedząc, że nasze wysiłki i ciężka praca przyniosły rezultat czujemy się silni i pewni siebie, ponieważ udało nam się osiągnąć coś ważnego samodzielnie.

Ważne jest, aby pamiętać, że motywacja do działania dla osiągnięcia finansowej niezależności różni się u każdej osoby. Dla jednej może to być chęć zapewnienia lepszego życia dla rodziny, dla innej możliwość pomocy innym lub spełnienie swoich ambicji. Ważne jest jednak, aby mieć jasno określony cel i stale go podtrzymywać w naszej świadomości.

Aby podtrzymać swoją motywację do działania, warto określić sobie małe kroki, które będziemy podejmować na swojej drodze do finansowej niezależności. Może to być regularne oszczędzanie, inwestowanie w edukację finansową czy poszukiwanie dodatkowego źródła dochodu. Ważne jest również otaczanie się pozytywnymi i ambitnymi ludźmi, którzy będą nam pomagać i wspierać nas na naszej drodze.

Motywacja do działania dla osiągnięcia finansowej niezależności jest niezbędna i tylko ona może prowadzić nas do wielu sukcesów. Jeśli będziemy konsekwentni, zdeterminowani i świadomi własnej roli w zarządzaniu naszymi finansami, z pewnością i matematyczną precyzją osiągniemy upragnioną niezależność. Pamiętajmy, że motywacja jest kluczem do sukcesu, a finansowa niezależność jest jednym z najlepszych celów, jakie możemy sobie postawić.

ROZDZIAŁ 1: BUDOWANIE SOLIDNYCH FUNDAMENTÓW

Określenie celów finansowych

> *"Cel to marzenia z datą wykonania."*
>
> *- Zig Ziglar*

Określenie celów finansowych to pierwszy i absolutnie konieczny krok na drodze do stabilności finansowej, sukcesu i spełnienia swoich marzeń. Bez jasno określonych celów finansowych, możemy poruszać się po omacku w swoich finansach, tracąc czas, energię i pieniądze na niepotrzebne rzeczy.

Określenie celów finansowych obejmuje zrozumienie, co chcemy osiągnąć w zakresie naszych finansów osobistych lub biznesowych. Może to obejmować takie aspekty jak oszczędzanie na emeryturę, spłatę długów, założenie własnej firmy, zakup mieszkania czy wyjazd na wymarzone wakacje.

Następnie musimy sformułować cele w sposób możliwie jak najbardziej konkretne. Warto pamiętać, że cele powinny być mierzalne i osiągalne. Na przykład, jeśli chcemy zaoszczędzić na emeryturę i żyć z procentów, możemy określić kwotę, którą chcielibyśmy mieć na koncie, na podstawie oszacowania kosztów życia po przejściu na emeryturę oraz procentów zysku z poczynionej inwestycji.

Przykład:

Spodziewane koszty życia – 5000 zł na miesiąc

Roczny zysk z oszczędności – 12%

Wymagana suma oszczędności – (5000 × 12 × 100) / 12 = 500 000 zł.

Oznacza to, że musimy przez swoje życie zawodowe (najlepiej do 50-go roku życia) zgromadzić pół miliona złotych i ulokować je pod minimum 12% rocznie. A z uwzględnieniem inflacji lepiej zaplanować tę sumę na poziomie 1-go miliona złotych. Oczywiście, jest to schemat uproszczony, ale w tej chwili chodzi mi o przekazanie Tobie jedynie podstaw stawiania celów finansowych.

Zachęcam znaleźć w internecie emulator finansowego kalkulatora HP 10BII. Na nim bardzo łatwo i wygodnie obliczać przyszłą wartość pieniądza przy nieregularnych wpłatach.

Kolejnym ważnym krokiem jest określenie planu działania, który pomoże nam osiągnąć nasze cele finansowe. Plan ten powinien uwzględniać nasze obecne dochody i wydatki, a także potencjalne źródła dodatkowych przychodów. Warto również ustalić konkretny czas, w jakim chcemy osiągnąć nasze cele.

Regularna kontrola postępów w realizacji naszych celów finansowych jest niezwykle istotna. Powinniśmy regularnie monitorować nasze osiągnięcia, wprowadzać ewentualne zmiany w naszym planie działania i dostosowywać go do zmieniających się okoliczności.

Przykład:

Cel finansowy: Oszczędzanie 10 000 zł w ciągu roku.

1. Obecne dochody:

- pensja, %% z lokat, przychody z inwestycji itp. - 10 000 zł/ m-c

Obecne wydatki:

- miesięczne rachunki, raty kredytu, jedzenie, rozrywka itp. - 9 500 zł/ m-c

2. Analiza wydatków i identyfikacja obszarów do oszczędności:

- zastanówmy się, czy istnieje możliwość zmniejszenia lub wyeliminowania niektórych wydatków, np. zamiana tam gdzie to możliwe drogich marek na tańsze odpowiedniki, zmniejszenie ilości jedzenia na wynos itp.

- nieregularne lub zbędne wydatki, które można ograniczyć: dodatkowe kanały telewizyjne czy częste jedzenie na mieście.

Kilka lat temu stworzyłem arkusz kalkulacyjny, który przez dłuższy czas pomagał mi śledzić swoje dochody i wydatki

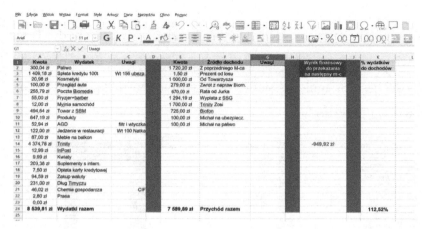

Ten i inne pomocne pliki możesz pobrać za darmo na stronie: https://eko-tech-welcome.grwebsite.pl/ Po zapisaniu się na subskrypcję.

Robiłem także podsumowanie roku, gdzie obrazowo obserwowałem dynamikę przychodów i wydatków:

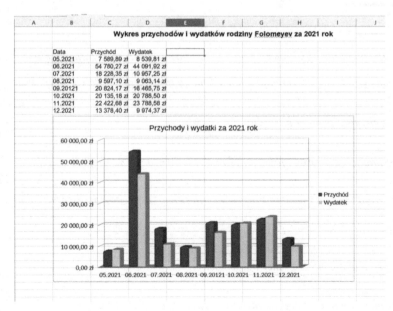

Jak widać, nie jestem kimś nadzwyczajnym – jak, chyba każdy, miałem gorsze miesiące, kiedy wydatki przekraczały przychody. Teraz już wiem, że pierwszorzędną rzeczą na drodze do finansowej wolności jest osiągnięcie stany, przy którym wydatki NIGDY nie przewyższą przychody.

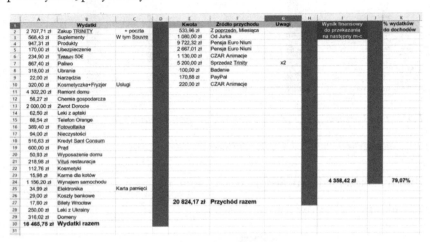

	A	B	C	D	E	F	G	H	I	J	K
1		Wydatki			Kwota	Źródło przychodu	Uwagi		Wynik finansowy do przekazania na następny m-c		% wydatków do dochodów
2	2 707,71 zł	Zakup TRINITY	+ poczta		533,96 zł	Z poprzedn, Miesiąca					
3	568,43 zł	Suplementy	W tym Souvre		1 080,00 zł	Od Jurka					
4	947,31 zł	Produkty			9 722,32 zł	Pensja Euro Niuni					
5	170,00 zł	Ubezpieczenie			2 667,01 zł	Pensja Euro Niuni					
6	234,90 zł	Timery 50€			1 130,00 zł	CZAR Animacje					
7	867,40 zł	Paliwo			5 200,00 zł	Sprzedaż Trinity	x2				
8	318,00 zł	Ubrania			100,00 zł	Badanie					
9	22,00 zł	Narzędzia			170,88 zł	PayPal					
10	320,00 zł	Kosmetyczka+Fryzjer	Usługi		220,00 zł	CZAR Animacje					
11	4 302,20 zł	Remont domu									
12	56,27 zł	Chemia gospodarcza									
13	2 000,00 zł	Zwrot Dorocie									
14	62,50 zł	Leki z apteki									
15	86,54 zł	Telefon Orange									
16	389,40 zł	Fotovoltaika									
17	94,00 zł	Nieczystości									
18	516,63 zł	Kredyt Sant Consum									
19	600,00 zł	Prąd									
20	50,93 zł	Wyposażenie domu									
21	218,98 zł	Vitus restauracja									
22	112,76 zł	Kosmetyki									
23	15,98 zł	Karma dla kotów									
24	1 156,20 zł	Wynajem samochodu							4 358,42 zł		79,07%
25	34,99 zł	Elektronika	Karta pamięci								
26	29,00 zł	Koszty bankowe									
27	17,60 zł	Bilety Wrocław			20 824,17 zł	Przychód razem					
28	250,00 zł	Leki z Ukrainy									
29	316,02 zł	Domeny									
30	16 465,75 zł	Wydatki razem									
31											

* Ten i inne pomocne pliki możesz pobrać za darmo na stronie: https://eko-tech-welcome.grwebsite.pl/ po zapisaniu się na subskrypcję.

3. Określenie miesięcznego budżetu:

 - Ustal miesięczną kwotę, jaką jesteś w stanie odkładać na osiągnięcie celu.

 - Ustal limit na poszczególne kategorie wydatków, aby zapewnić kontrolę nad budżetem.

4. Poszukaj dodatkowych źródeł dochodów:

 - czy istnieje możliwość podejmowania dodatkowych godzin pracy lub znalezienia drugiego źródła dochodu.

- *Sprawdź, czy możesz sprzedać nieużywane przedmioty lub zacząć zarabiać na tym, co dobrze umiemy robić, np. gotowanie, opieka nad dziećmi itp.*

5. *Popracuj nam tworzeniem funduszu awaryjnego:*

- *Postaraj się zaoszczędzić dodatkową kwotę na nieprzewidziane zdarzenia, takie jak nagłe leczenie czy naprawa samochodu. Dzięki temu unikniesz korzystania z oszczędności na cele inne niż docelowe.*

6. *Regularne monitorowanie postępów:*

- *Co miesiąc sprawdzaj, jak idzie Ci oszczędzanie i kontrolowanie budżetu. Analizuj, czy przekraczasz swoje limity i czy postępy są zgodne z planem.*

- *Jeśli napotkasz trudności, dostosuj strategię lub podejmij działania naprawcze, aby utrzymać się na ścieżce osiągania celu.*

7. *Wykorzystuj okazje do oszczędzania:*

- *Uważaj na promocje, wyprzedaże i inne okazje, aby zaoszczędzić na niektórych zakupach.*

- *Porównuj ceny i poszukaj tańszych alternatyw dla produktów i usług, które regularnie wykorzystujesz.*

8. *Oszczędzanie i inwestowanie oszczędności:*

- *Każdego miesiąca przeznaczaj ustaloną kwotę na oszczędności w celu osiągnięcia docelowej sumy.*

- zastanów się nad inwestowaniem oszczędności, aby generować dodatkowe dochody.

Zobacz, jak mogą wyglądać wyniki Twojego regularnego odkładania i inwestowania oszczędności:*

Początkowa suma inwestycji	500,00 zł			Suma z uwzględnieniem 5% przezizji	
Zakładany zysk - % miesięcznie		1		525,00 zł	
Suma miesięcznych dopłat	100,00 zł	100,00 zł	100,00 zł	100,00 zł	100,00 zł
Miesiąc inwestycji	I rok	II rok	III rok	IV rok	V rok
	Kapitał na koniec miesiąca	Kapitał na koniec miesiąca	Kapitał na koniec miesiąca	Kapitał na koniec miesiąca	Kapitał na koniec miesiąca
1	505,00 zł	1 849,98 zł	3 365,54 zł	5 073,30 zł	6 997,66 zł
2	611,05 zł	1 969,48 zł	3 500,19 zł	5 225,04 zł	7 168,63 zł
3	718,16 zł	2 090,17 zł	3 636,19 zł	5 378,29 zł	7 341,32 zł
4	826,34 zł	2 212,08 zł	3 773,56 zł	5 533,07 zł	7 515,73 zł
5	935,61 zł	2 335,20 zł	3 912,29 zł	5 689,40 zł	7 691,89 zł
6	1 045,96 zł	2 459,55 zł	4 052,41 zł	5 847,29 zł	7 869,81 zł
7	1 157,42 zł	2 585,14 zł	4 193,94 zł	6 006,77 zł	8 049,51 zł
8	1 270,00 zł	2 712,00 zł	4 336,88 zł	6 167,83 zł	8 231,00 zł
9	1 383,70 zł	2 840,12 zł	4 481,25 zł	6 330,51 zł	8 414,31 zł
10	1 498,53 zł	2 969,52 zł	4 627,06 zł	6 494,82 zł	8 599,46 zł
11	1 614,52 zł	3 100,21 zł	4 774,33 zł	6 660,77 zł	8 786,45 zł
12	1 731,66 zł	3 232,21 zł	4 923,07 zł	6 828,37 zł	8 975,32 zł
Roczny % wzrostu				% wzrostu kapitału za miniony okres	
kapitału:	246,33%	2-gi rok: 546,44%	3-ci rok: 884,61%	4-ty rok: 1265,67%	5-ty rok: 1695,06%
Razy:	2,46	Razy: 5,46	Razy: 8,85	Razy: 12,66	Razy: 16,95

* Pobierz za darmo arkusz kalkulacyjny z którego zrobiono ten skan tu:
https://eko-tech-welcome.grwebsite.pl/subscribe-form-thank-you-page

Jak widzisz, proste odkładanie co miesiąc określonej kwoty 500 początkowo, a potem po 100 zł da Ci po 5 latach sumę kapitału 500 + 100 x 59 = 6400 zł. A te same działania, ale pod zaledwie 12% rocznie, to już 8900 zł. To naprawdę mały procent. Jeśli będziesz chciał/chciała, pokażę Ci jak możesz osiągnąć 100% zysku ze swoich oszczędności. Wówczas twój kapitał będzie wyglądał następująco:

Początkowa suma inwestycji	500,00 zł			Suma z uwzględnieniem 5% przezizji	
Zakładany zysk - % miesięcznie		8,33		525,00 zł	
Suma miesięcznych dopłat	100,00 zł	100,00 zł	100,00 zł	100,00 zł	100,00 zł
Miesiąc inwestycji	I rok	II rok	III rok	IV rok	V rok
	Kapitał na koniec miesiąca	Kapitał na koniec miesiąca	Kapitał na koniec miesiąca	Kapitał na koniec miesiąca	Kapitał na koniec miesiąca
1	541,65 zł	3 511,29 zł	11 268,21 zł	31 529,84 zł	84 454,03 zł
2	695,10 zł	3 912,11 zł	12 315,19 zł	34 264,60 zł	91 598,03 zł
3	861,33 zł	4 346,32 zł	13 449,37 zł	37 227,17 zł	99 336,47 zł
4	1 041,41 zł	4 816,70 zł	14 678,05 zł	40 436,93 zł	107 719,53 zł
5	1 236,49 zł	5 326,26 zł	16 009,04 zł	43 913,22 zł	116 809,90 zł
6	1 447,82 zł	5 878,27 zł	17 450,93 zł	47 679,52 zł	126 638,74 zł
7	1 676,75 zł	6 476,26 zł	19 012,92 zł	51 759,55 zł	137 296,08 zł
8	1 924,76 zł	7 124,06 zł	20 705,03 zł	56 179,46 zł	148 841,17 zł
9	2 193,42 zł	7 825,83 zł	22 538,06 zł	60 967,53 zł	161 347,97 zł
10	2 484,45 zł	8 586,05 zł	24 523,84 zł	66 154,46 zł	174 896,59 zł
11	2 799,75 zł	9 409,60 zł	26 675,00 zł	71 773,46 zł	189 573,80 zł
12	3 141,29 zł	10 301,75 zł	29 005,36 zł	77 860,52 zł	205 475,63 zł
Roczny % wzrostu				% wzrostu kapitału za miniony okres	
kapitału:	528,26%	2-gi rok: 1960,35%	3-ci rok: 5701,07%	4-ty rok: 15472,18%	5-ty rok: 40954,73%
Razy:	5,28	Razy: 19,60	Razy: 57,01	Razy: 154,72	Razy: 409,95

Te same 6400 zł przez ten sam czas przekształci się w 205 000 zł!

Jest to magia tak zwanego procentu składanego, okrzykniętego ósmym cudem świata.

Wróćmy do Twoich celów finansowych…

Określenie celów finansowych jest procesem ciągłym. Nasze cele mogą się zmieniać wraz z upływem czasu, a my jako ludzie możemy zmieniać swoje priorytety. Dlatego ważne jest, aby być elastycznym i otwartym na nowe możliwości. Bez celów finansowych możemy tracić czas i energię na niepotrzebne rzeczy oraz nie wykorzystywać w pełni swojego potencjału finansowego. Dlatego warto poświęcić czas na ich określenie i opracowanie planu działania, który pomoże nam je zrealizować.

Metoda SMART – czyli jak poprawnie formułować swoje cele?

Określanie sobie ambitnych celów wydaje się być czymś, co nie sprawia większych trudności dla większości ludzi. Jednakże, w rzeczywistości, większość z nas boryka się z problemem właściwego sformułowania konkretnych koncepcji, często ograniczając się do tych, które są narzucone przez innych. Na szczęście, istnieje technika znana jako SMART, która może nam pomóc w stworzeniu odpowiedniego planu działania oraz skupić się na nieustannym rozwoju i podtrzymywaniu naszej motywacji. Czym jednak dokładnie jest SMART i jak możemy wykorzystać tę metodę zarówno w biznesie, jak i w naszym prywatnym życiu?

SMART to akronim oznaczający pięć kluczowych elementów, które powinny być uwzględnione przy wyznaczaniu celów:

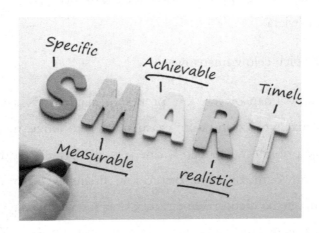

- S – Specific: określone, szczegółowe

- M – Measurable: mierzalne

- A – Achievable: osiągalne

- R – Relevant: istotne

- T – Time-based: oparte na określonym czasie.

W praktyce, oznacza to, że cele, które sobie wyznaczamy, muszą być jasno zdefiniowane, możliwe do zmierzenia i osiągnięcia, istotne dla naszych wartości i celów oraz powinny być limitowane czasowo. Przyjrzyjmy się bliżej, jak wyznaczać cele SMART, aby ich realizacja była przyjemna i efektywna.

Jak wyznaczać cele zgodnie z metodą SMART?

Po pierwsze, **cele muszą być określone w sposób jednoznaczny**. Niestety, wiele osób formułuje cele w sposób ogólnikowy, co sprawia, że jest trudno zidentyfikować, co dokładnie chcemy osiągnąć. Dlatego kluczowe jest konkretnie opisanie naszych celów, aby były one precyzyjne i łatwo zrozumiałe.

Nie może być celem – „chcę więcej zarabiać". Należy ustanowić dla siebie: ile konkretnie zarabiać? Ile czasu (do jakiej daty) dajesz sobie na osiągnięcie tego poziomu zarobków? Przykładowo … Mój dochód od maja 2024 powinien wynosić 7 000 zł, czyli, o 2 000 zł więcej niż obecnie.

Po drugie, **cele muszą być mierzalne**. Jeśli nie możemy zmierzyć postępów w dążeniu do naszego celu, trudno będzie nam ocenić nasze osiągnięcia. Dlatego warto ustalić konkretne wskaźniki, które pozwolą nam śledzić nasz postęp i ocenić, czy zbliżamy się do zamierzonych rezultatów.

Nie można powiedzieć – „chcę nowy samochód (telewizor, smartfon, etc)". Musi być – „chcę nowy samochód, za 100 tysięcy, do świąt Bożenarodzeniowych 2024 roku". Mówiąc to 5-go stycznia tegoż roku, łatwo policzyć, że musisz co miesiąc odkładać 100 000 / 12 = około 8 500 zł. Lub wypracować sobie odpowiednią zdolność kredytową, żeby kupić ten samochód na raty.

Po trzecie, **cele powinny być realistyczne i osiągalne**. Wyznaczanie sobie celów, które są niemożliwe do osiągnięcia, może prowadzić do frustracji i utraty motywacji. Dlatego ważne jest, aby nasze cele były odpowiednio wyważone i dostosowane do naszych możliwości. Jednocześnie jednak, warto wyznaczać sobie cele, które wymagają od nas pewnego wysiłku i wyjścia poza naszą strefę komfortu, ponieważ tylko wtedy możemy naprawdę rozwijać się i osiągać sukcesy.

Planując sobie wakacje na najbliższe lato, nie możesz kupić podróż naokoło świata luksusowym statkiem z żoną (mężem) i dwójką dzieci za średnio 15 000 zł na osobę, przy łącznych zarobkach rodziny 5 000 zł na rękę. Nawet jakbyś jadł suchy chleb z margaryną i pił tylko wodę z kranu oraz płacił tylko absolutnie konieczne rachunki, to i tak zabraknie Ci czasu na uzbieranie potrzebnej sumy do wyznaczonej daty. Nie mówiąc już o poziomie życia przy takim sposobie funkcjonowania.

Po czwarte, **cele powinny być istotne dla nas samych**. Warto zastanowić się, czy to, co próbujemy osiągnąć, jest zgodne z naszymi wartościami i celami życiowymi. Jeśli cel jest zgodny z tym, co jest dla nas ważne, będziemy bardziej motywowani do działania i trudności będą dla nas mniejszym wyzwaniem.

Uwierz mi, jeżeli ktoś będzie przekonywać Cię do wyjazdu na ryby do Norwegii (dość droga rozrywka!), a Ty kochasz ciepło i wolisz spędzić urlop na Cyprze, to zgromadzić na Norwegię środki będzie niezwykle ciężko. Znam to z własnego doświadczenia!

I jeszcze jedno... Znam bardzo fajne ćwiczenie na wyklarowanie Twoich prawdziwych celów. Nazywam go „Dlaczego?" Załóżmy, że wymyśliłeś sobie kupno nowego telewizora na pół ściany w pokoju. Zadaj sobie pytanie – dlaczego mi taki telewizor? Po odpowiedzi samemu sobie, dajmy na to, bo stary nie ma dostępu do wypożyczalni filmów, zadaj ponownie to pytanie sobie – a dlaczego mi wypożyczalnie filmów? Bo lubię sobie obejrzeć film w piątek i sobotę wieczorem. A dlaczego mi oglądać filmy w piątek i sobotę? Bo należy mi się rozrywka po tygodniu ciężkiej pracy. A dlaczego tak ciężko pracuję? - Bo muszę, mieć dostatecznie wysokie dochody, żeby utrzymywać rodzinę. A dlaczego nie mam tak wysokich dochodów? Bo mam niedostateczne kwalifikacje, aby zmienić pracę na lepiej płatną i mniej ciężką.

Może się okazać, że nie nowego telewizora potrzebujesz, tylko wykupić sobie jakieś szkolenie, żeby mieć kwalifikacje do lepszej pracy! Może też się okazać, że nowa praca da Ci siły, wolny czas i środki, by lepiej zająć się bliskimi, poświęcić im więcej uwagi itd., itp. I nie będzie już potrzeby leżeć plackiem przed telewizorem. A na fajny film zabrać ukochanych do kina i zjeść przy okazji coś smacznego w restauracji. Jak Ci taki plan?

Na koniec, **cele powinny być oparte na określonym czasie**. Wyznaczenie sobie terminów wykonania poszczególnych etapów pomoże nam uporządkować nasze działania i kontrolować postęp w realizacji celu. Czasowe ramy są kluczowe dla skutecznego zarządzania czasem i efektywnego dążenia do sukcesu.

Wykorzystanie metody SMART może nam pomóc w skutecznym formułowaniu celów zarówno w biznesie, jak i w życiu prywatnym. Zapewnia nam ona jasność, możliwość mierzenia postępów, realistyczność, zgodność z naszymi wartościami oraz kontrolę nad czasem. Dzięki temu, możemy zwiększyć naszą efektywność i skuteczność w osiąganiu zamierzonych rezultatów.

<u>Technika SMART – podsumowanie</u>

Metoda SMART to jedna z najskuteczniejszych technik pozwalających na właściwe określenie pożądanych rezultatów oraz drogi do ich osiągnięcia. Co najważniejsze, można ją stosować nie tylko w finansach, ale również w codziennym życiu. Dlatego zanim kolejny raz porzucisz jakiś plan, najpierw przeanalizuj go pod kątem zgodności z pięcioma cechami SMART i wprowadź niezbędne poprawki. Wyznaczanie celów SMART może sprawić, że uda Ci się zrealizować wszystkie plany o wiele szybciej i prościej niż Ci się wydawało na początku.

Oto kilka wskazówek, jakie pomogą Ci określić swoje cele finansowe:

1. Oszczędzanie na wakacje: Miesięczne odkładanie określonej kwoty pieniędzy na specjalne konto, aby móc po roku oszczędzania zrealizować swoje marzenie o wymarzonych wakacjach.

2. Spłata długu: Wygospodarowanie dodatkowych środków finansowych na spłatę zobowiązań, takich jak kredyt studencki lub karta kredytowa, w ciągu określonego czasu. Tutaj szczególnie polecam inwestowanie oszczędności, gdyż pozwoli to o wiele szybciej spłacić dług, co wynika z możliwości po jakimś czasie płacić z góry 2-3-4 i więcej rat za jednym razem.

3. Budowa awaryjnego funduszu: Regularne odkładanie pewnej części dochodów na specjalne konto, które będzie służyć jako fundusz awaryjny na nieprzewidziane wydatki, takie jak naprawa samochodu, nagła choroba lub utrata pracy. Noże to również być stworzenie poduszki bezpieczeństwa.

4. Inwestowanie na emeryturę: Rozpoczęcie systematycznego inwestowania w swój prywatny fundusz emerytalny oraz inne instrumenty finansowe, aby zapewnić sobie komfortową emeryturę. O tym więcej porozmawiamy w rozdziale,poświęconym inwestowaniu.

5. Zakup własnego mieszkania: Określenie celu zakupu własnego mieszkania poprzez zdefiniowanie planu oszczędzania na wkład własny i ustalenie terminu, w którym chciałoby się osiągnąć ten cel. W tym miejscu również zachęcam skorzystać z moich wiedzy oraz doświadczenia i odbyć indywidualną konsultację. Wielu z moich

klientów po takiej nawet jednej konsultacji zaoszczędzili do 70% wartości zakupionej nieruchomości.

6. Powiększenie kapitału inwestycyjnego: Określenie ilości pieniędzy, które chce się zainwestować na rynkach finansowych w celu powiększenia kapitału i zwiększenia swojego majątku. Tu przydatna jest reguła 50-30-10-10. 50% miesięcznego dochodu przyznać na bieżące opłaty, 30 – daj do oszczędności lub ewentualnie spłatę zobowiązań (nie przypadkiem banki, przy ocenie zdolności kredytowej klienta, biorą pod uwagę właśnie 30% jego dochodów), 10 – zainwestuj, a drugie 10 – przyznać na cele charytatywne czy też społeczne.

7. Spłata kredytu hipotecznego: Określenie, że celem jest spłacenie całkowitego kredytu na zakup domu w ciągu określonego czasu, co pozwoli na uniknięcie dodatkowych kosztów związanych z odsetkami. Nadpłaty, to raty pozbawione kosztów bankowych. O tym też jeszcze będzie mowa później

8. Wysłanie dzieci na studia: Odkładanie regularnej sumy pieniędzy na specjalnym koncie w celu sfinansowania studiów dzieci w przyszłości. Tut bez komentarzy. Chyba każdy wie, że inwestycja w dzieci jest najlepszą inwestycją, zaraz po inwestycji w siebie.

9. Uzyskanie awansu zawodowego: Inwestowanie w rozwój zawodowy poprzez szkolenia, kursy lub studia, aby zdobyć nowe umiejętności i wiedzę, które pomogą uzyskać lepiej płatne stanowisko w pracy.

10. Przejście na wcześniejszą emeryturę : Określenie, jaka kwota pieniędzy musi być zgromadzona do określonego wieku, aby móc zrezygnować z pracy i cieszyć się wcześniejszą emeryturą. O tym również będzie mowa w dalszej części tej książki.

Zarządzanie budżetem domowym - kluczem do finansowego sukcesu

> *"Cel zarządzania budżetem domowym nie polega na ograniczaniu się w wydatkach, lecz na rozsądnym gospodarowaniu zasobami, aby spełnić najważniejsze potrzeby i osiągnąć długoterminowe cele finansowe."*
>
> *- Oprah Winfrey*

Wyobraź sobie, że zarządzanie budżetem domowym to jak prowadzenie własnej małej firmy. Ty jesteś szefem, a Twoje pieniądze są pracownikami. Twoim zadaniem jest zoptymalizować wydatki, ewentualnie wysłać do pracy Twoje pieniądze i zapewnić stabilność finansową Twojej „firmy" - czyli domu. O prostych trikach, które pomogą Ci osiągnąć to z łatwością pisałem wyżej. Przypomnijmy je sobie...

 1. Sporządź plan budżetu: Przygotuj listę wszystkich przychodów i wydatków. Przychody to wszystkie kwoty, które wpływają do Twojego domowego budżetu, na przykład pensja, alimenty lub zyski z dodatkowej pracy. Wydatki obejmują wszystko, od rachunków za prąd, wodę, pożywienie po kosmetyki i rozrywkę. Upewnij się, że uwzględniasz wszystkie koszty, nawet te najdrobniejsze. Jeśli masz trudności z określeniem dokładnych kwot, oblicz je średnio na podstawie poprzednich miesięcy.

2. Priorytetyzuj wydatki: Razem z rodziną omów, jakie są najważniejsze potrzeby na obecną chwilę. Może to być opłata za mieszkanie, rachunki, jedzenie i edukacja. Następnie przypisz im odpowiednie kwoty zgodnie z priorytetami. Najlepiej zmieścić się w regule 50-30-10-10. Uważaj na pułapki wydawania pieniędzy na nieistotne rzeczy, które mogą Cię odciągnąć od osiągnięcia swoich celów finansowych.

3. Przemyśl zakupy: Zanim zrobisz zakupy, zastanów się dwa razy. Czy naprawdę potrzebujesz tego przedmiotu? Może warto poczekać, aż cena spadnie lub w ogóle z niego zrezygnować? Warto również porównać ceny w różnych sklepach i szukać promocji, aby

zaoszczędzić trochę pieniędzy. Nie zapomnij o urokach używanych przedmiotów - mogą być równie dobre jak nowe, ale tańsze. I jeszcze raz przypomina o ćwiczeniu „Dlaczego?"

4. Twórz rezerwę finansową: Zdarzają się niespodziewane wydatki, takie jak awarie domowe czy nagłe problemy zdrowotne. Dlatego ważne jest, aby stworzyć fundusz awaryjny. Wygospodaruj kilka procent Twojego miesięcznego dochodu na ten cel i stopniowo go rozbudowuj. To sprawi, że będziesz spokojniejszy w trudnych sytuacjach. Zachęcam te środki wygospodarować z 30% dochodów.

5. Pokonaj długi: Jeśli masz zadłużenie, postaraj się je jak najszybciej spłacić. Zidentyfikuj swoje zobowiązania i przemyśl, jak można ograniczyć koszty, aby więcej pieniędzy pozostało na spłatę długów. Przy czym, jeśli masz kilka długów, zacznij od spłaty najmniejszych. To wytworzy bardzo ważne emocje, związane z zamknięciem kolejnej przykrej, jaką jest spłata długów, sprawy. Potem przejdź do najdroższych, czyli tych, co mają najwyższe koszty w postaci oprocentowania, prowizji banku, narzuconego ubezpieczenia etc. W przypadku kredytów, konsolidacja może być dobrym rozwiązaniem, aby zredukować wysokość raty, ale wówczas miej z tyłu głowy, żeby spłacać według możliwości po 2-3 i więcej rat jednorazowo.

6. Dbaj o oszczędności: Nawet jeśli Twój miesięczny dochód nie jest duży, spróbuj zaoszczędzić coś każdego miesiąca. Może to być 5%, 10% lub więcej - to zależy od Ciebie. Zgromadzone oszczędności mogą służyć jako zabezpieczenie finansowe na przyszłość lub na

spełnienie większych celów, takich jak zakup wymarzonego samochodu czy wakacje marzeń.

Pamiętaj, że zarządzanie budżetem domowym to proces, który wymaga regularności i samodyscypliny. W miarę upływu czasu staniesz się ekspertem w tej dziedzinie i będziesz mógł cieszyć się finansowym sukcesem. Praca nad budżetem to inwestycja w Twoją przyszłość i stabilność Twojej rodziny.

Jak ograniczyć koszty w domowym budżecie - 10 skutecznych sposobów na oszczędzanie

Podczas codziennego zarządzania finansami domowymi, dobrze jest znać kilka trików, które pomogą ci ograniczyć koszty i zaoszczędzić pieniądze. Pamiętać jednak należy o tym, żeby w dążeniu do oszczędności nie wpaść w pułapkę biedy. **Absolutnie zabronione** jest kupowanie czegoś tylko dlatego, ze jest najtańsze!!! Jest to programowanie siebie na biedę i niedostatek. W tym kontekście należy zachować rozsądek. Jeżeli jakiś towar czy przedmiot jest o kilka złotych droższy od najtańszego, ale ma zdecydowanie lepsze parametry jakościowe, to lepiej lekko przepłacić, ale kupić ten nieco droższy.

Z mojego osobistego doświadczenia mogę powiedzieć, że, w myśl znanego angielskiego przysłowia „my nie na tyle bogaci, żeby kupować tanie rzeczy", warto kupić droższe obuwie i ubrania, bo będą dłużej Ci służyć i będziesz czuć się w nich o wiele lepiej niż w tych z dolnej półki. To samo dotyczy ogumienia samochodu, sprzętu

AGD i oczywiście jedzenia.

A oto 10 prostych i skutecznych sposobów na zmniejszenie wydatków w domowym budżecie.

1. Planuj zakupy i twórz listę. Zanim udasz się na zakupy, zrób listę potrzebnych produktów i trzymaj się jej. Unikniesz impulsywnych zakupów i niepotrzebnych wydatków. Moja żona jest w tym ekspertem!

2. Porównuj ceny. Przed zakupem porównaj ceny produktów w różnych sklepach lub online. Często można znaleźć lepsze oferty i oszczędzić kilka złotych.

3. Poszukuj okazji i promocji. Śledź gazetki reklamowe oraz strony internetowe, aby być na bieżąco z obniżkami cen. Warto też rozważyć korzystanie z aplikacji mobilnych, które śledzą promocje. Pamiętaj jednak, że nie warto jechać na drugi koniec miasta, żeby zaoszczędzić na litrze mleka 20 groszy. Więcej wydasz na podróż.

 4. Unikaj jedzenia poza domem. Przygotowuj posiłki w domu i zabieraj je do pracy lub szkoły. Dzięki temu unikniesz kosztownych posiłków na mieście, które dodatkowo mogą być mniej zdrowe.

5. Oszczędzaj energię. Wyłączaj światła w pomieszczeniach, w których nie przebywasz. Zainwestuj w energooszczędne żarówki i sprzęty AGD, które zużywają mniej prądu. Jeśli możesz, wymień okna i drzwi zewnętrzne w mieszkaniu na lepiej izolowane termicznie.

6. Wykonuj remonty i naprawy samodzielnie. Jeśli masz zdolności manualne, spróbuj wykonać drobne prace remontowe czy naprawy samodzielnie. Nie tylko zaoszczędzisz na usługach fachowców, ale także nabierzesz nowych umiejętności. Ale nie kombinuj ponad tego, co konieczne. Czasem lepiej zapłacić fachowcom, niż co chwilę naprawiać ciągle te samą usterkę.

7. Anuluj niepotrzebne subskrypcje. Przejrzyj swoje subskrypcje internetowe, takie jak streaming muzyki czy filmów, i zastanów się, czy wszystkie są Ci rzeczywiście potrzebne. Przy odrobinie wysiłku można znacznie obniżyć miesięczne wydatki.

8. Korzystaj z transportu publicznego lub roweru. Ograniczenie korzystania z prywatnego samochodu może przynieść znaczące oszczędności. Rozważ opcję dojazdu do pracy rowerem lub korzystanie z komunikacji publicznej. Przy czym, bierz pod uwagę wygodę dojazdu do pracy, np. zakupy po drodze, odbiór dzieci z przedszkola, załatwienie spraw w urzędach etc. Postaraj się znaleźć bilans między oszczędnością a wygodą.

9. Planuj większe wydatki. Jeśli planujesz zakup droższego przedmiotu, warto odkładać pieniądze na bieżąco, aby uniknąć zadłużenia. Regularne odkładanie niewielkich sum pozwoli ci osiągnąć cel bez konieczności korzystania z kredytu. Ponownie zwracam Twoją uwagę na zainwestowanie odkładanych pieniędzy. A przynajmniej ich części. Zwłaszcza kiedy jest minimum rok do planowanego zakupu. To znacząco przyśpieszy datę i obniży koszty

wymarzonego   nabytku!
Dlaczego mówię o roku? Bo to jest minimalny czas trzymania depozytu w inwestycjach. To dłuższa rozmowa i bardzo zależy od konkretnych potrzeb i możliwości osoby. Zapraszam na indywidualną konsultację, gdzie razem rozbierzemy tego typu sprawy na atomy.

Inwestowanie w edukację finansową: Klucz do osiągnięcia sukcesu

Na początku zadawałem już t6o pytanie, ale zadam go raz jeszcze, bo jest niezwykle istotne. Czy kiedykolwiek zastanawiałeś się, dlaczego niektórzy ludzie odnoszą sukces finansowy, podczas gdy inni zawsze borykają się z problemami pieniężnymi? Sekretem ich rozkwitu może być inwestowanie w edukację finansową. Niezależnie od tego, czy jesteś młodym początkującym, czy już doświadczonym inwestorem, poszerzenie swojej wiedzy na temat finansów może naprawdę przynieść ci korzyści.

Dlaczego więc edukacja finansowa jest tak ważna? Otóż, niezależnie od tego, jak wiele zarabiasz, prawdziwa siła leży w tym, co robisz z tymi pieniędzmi. Bez wiedzy na temat budowania i zarządzania finansami, ryzykujesz utratę możliwości i marnotrawienie potencjalnych zysków. Edukacja finansowa pomoże ci zrozumieć zasady oszczędzania, inwestowania i zarządzania długami, umożliwiając ci świadome podejmowanie decyzji finansowych.

Zdobycie tej wiedzy może brzmieć skomplikowanie, ale naprawdę nie musi takim być. Dzięki dostępowi do różnorodnych zasobów edukacyjnych, w tym książek, kursów online i seminariów, każdy może rozpocząć swoją podróż w kierunku sukcesu finansowego. Niezależnie od tego, na jakim jesteś poziomie zaawansowania, istnieje odpowiedni program dla Ciebie.

Pierwszym krokiem do inwestowania w swoją edukację finansową jest zrozumienie podstawowych terminów i pojęć związanych z finansami. Zaznajomienie się z takimi terminami jak akcje, obligacje, fundusze inwestycyjne czy budżet osobisty, pozwoli ci swobodniej poruszać się w świecie inwestycji. Nawet prosta znajomość tych terminów może przynieść wiele korzyści, na przykład ułatwić rozmowy

z doradcą finansowym lub zrozumienie informacji zawartych w raportach inwestycyjnych.

Poza tym, inwestowanie w edukację finansową może też pomóc ci uniknąć pułapek i oszustw finansowych. Wiele osób traci pieniądze przez niewiedzę lub nieświadomie wpadając w sidła nieuczciwych praktyk. Rozwijając swoją wiedzę finansową, zyskasz narzędzia potrzebne do odróżnienia prawdziwych okazji od potencjalnych zagrożeń.

Jeśli jesteś sceptyczny co do inwestowania czasu i wysiłku w rozwój swojej edukacji finansowej, pomyśl o dłuższej perspektywie. Inwestycja w tę dziedzinę może przynieść ci znaczne zwroty w przyszłości. Możesz nauczyć się technik inwestycyjnych, które pozwolą ci pomnażać swoje oszczędności, budować bogactwo i zapewnić sobie bezpieczną przyszłość finansową.

Warto jeszcze raz podkreślić, że edukacja finansowa to nie tylko narzędzie dla ambitnych inwestorów. W rzeczywistości, korzyści płynące z posiadania takiej wiedzy mogą być odczuwalne dla każdego, kto pragnie lepiej zarządzać swoimi finansami. Początkujący mogą nauczyć się podstawowych zasad planowania budżetu, natomiast doświadczeni mogą pogłębić swoją wiedzę i odkryć nowe strategie inwestycyjne.

W związku z tym, jeśli pragniesz odnieść sukces finansowy i lepiej zarządzać swoimi pieniędzmi, nie wahaj się zainwestować w swoją edukację finansową. To jest klucz do odblokowania drzemiącego potencjału Twoich finansów. Przełam strach przed nieznanym, rozpocznij swoją podróż dzisiaj i otwórz nowe drzwi ku finansowej wolności.

 Jeśli mowa o podstawowych terminach i pojęciach, to ogromną wartość dla mnie osobiście miały i nadal mają książki Roberta Kiyosaki, szczególnie "Bogaty ojciec biedny ojciec" oraz planszowa, finansowa, edukacyjna gra Cashflow 101, jego autorstwa. Robert Kiyosaki, autor szeregu bestsellerowych książek, oferuje cenne lekcje dotyczące zarządzania pieniędzmi i inwestowania. Dlatego też i Tobie warto przeczytać jego książki oraz zagrać w Cashflow 101. O ile jeszcze tego nie zrobiłeś.

Książka "Bogaty ojciec biedny ojciec" jest klasyką wśród literatury finansowej. Autor dzieli się w niej swoimi doświadczeniami oraz filozofią, którą uczył go jego mentor - bogaty ojciec. Skupia się ona na tym, jak zmienić sposób myślenia na temat pieniędzy i wprowadzić zdrowe nawyki finansowe. Kiyosaki podkreśla znaczenie edukacji finansowej, która nie jest dostępna w tradycyjnym systemie edukacji. Dzięki tej książce, czytelnicy dowiedzą się, jak inwestować, zarządzać długami i budować aktywa, zamiast pasywnie polegać na pensji.

Robert Kiyosaki, kontynuuje swoją misję edukowania ludzi w dziedzinie finansów i inwestycji w swoim kolejnym dziele - "Kwadrant przepływu pieniędzy" przedstawia szereg kluczowych pojęć związanych z finansami. Jednym z najważniejszych pojęć poruszanych przez Kiyosakiego jest sam tytuł książki - "Kwadrant przepływu pieniędzy". Autor przedstawia cztery różne kwadranty reprezentujące różne źródła przychodów: pracownika, samozatrudnienia, biznesu oraz inwestycje. Pracownik i samozatrudnienie to kwadranty, w których większość osób spędza swoje życie. Kiyosaki zachęca jednak do myślenia o biznesie i inwestycjach jako sposobach osiągnięcia prawdziwej wolności finansowej.

W książce również omawiane jest pojęcie "aktywów" i "pasywów". Autor twierdzi, że większość ludzi myli te dwa terminy. Aktywa są to rzeczy, które generują przychody, takie jak nieruchomości czy udziały w firmach, podczas gdy pasywa to koszty utrzymania, takie jak hipoteki i raty kredytowe itp.

Kiyosaki zaleca zwiększenie ilości aktywów, aby zyski przewyższały wydatki, co prowadzi do finansowej niezależności. Żeby było ciut jaśniej... Wyobraź sobie, że normalnie pracujesz gdzieś w zakładzie czy biurze i jednocześnie masz mieszkania pod wynajem, które dają Tobie co miesiąc dochód równy Twoim kosztom. I tu nagle, z powodów od Ciebie niezależnych, tracisz pracę. W wielu tego typu przypadkach to staje się prawdziwą tragedią dla ludzi! Ale nie dla Ciebie. Bo wynajęte mieszkania zapewniają Ci byt na dotychczasowym poziomie, aż do momentu, kiedy na spokojnie znajdziesz sobie inną pracę. To, co dla kogoś jest katastrofą, dla Ciebie jest jedynie przejściową niedogodnością.

Jednakże, sama lektura może nie wystarczyć, aby osiągnąć praktyczne umiejętności w dziedzinie finansów. Dlatego też, warto skorzystać z drugiej propozycji Roberta Kiyosaki - gry planszowej Cashflow 101. Ta edukacyjna gra symuluje realne sytuacje finansowe, dając graczom okazję do nauki poprzez praktyczne doświadczenie. W trakcie rozgrywki, gracze podejmują decyzje związane z inwestowaniem, zarządzaniem pieniędzmi oraz rozwijaniem swojego biznesu. Gra pozwala również na zdobycie cennych informacji na temat rynków finansowych i zrozumienie, jak działa kapitalizm.

Innym ważnym pojęciem omawianym przez Kiyosakiego jest "edukacja finansowa". Autor uważa, że większość szkół nie naucza podstawowych umiejętności finansowych, które są niezbędne do osiągnięcia sukcesu. Zamiast polegać na tradycyjnym systemie edukacji, Kiyosaki zachęca czytelników do samodzielnego zdobywania wiedzy finansowej poprzez czytanie książek, uczestnictwo w szkoleniach i rozmowy z ekspertami. O tym samym ja również pisałem wyżej.

Kiyosaki porusza również temat "mentalności bogatego człowieka". Autor bestsellerów finansowych podkreśla, że sukces finansowy wymaga odpowiedniego sposobu myślenia i podejścia do pieniędzy. Wzywa czytelników do przełamania ograniczających przekonań i otwarciu się na nowe możliwości. Uważa, że każdy ma potencjał do odnoszenia sukcesów finansowych, o ile posiada odpowiednią mentalność i chęć do nauki.

Czytanie książek Roberta Kiyosaki (i nie tylko jego!) oraz regularne granie w Cashflow 101, to dwie formy nauki uzupełniające się nawzajem, dzięki czemu możemy uzyskać wszechstronną wiedzę na temat finansów. Książki dostarczają nam teoretycznych podstaw oraz filozofii, podczas gdy gra planszowa pozwala na praktyczne zastosowanie tychże informacji. Oba narzędzia są interaktywne i angażujące, co sprawia, że nauka finansów staje się ciekawą przygodą.

Niezwłocznie przystąp do czytania "Bogatego ojca ..." i zagraj w Cashflow 101. W ramach „" organizujemy seansy tej wspaniałej gry w całej Polsce. Odwiedź za pośrednictwem linku https://www.facebook.com/profile.php?id=61554764087921 stronę „Wyższej Szkoły Edukacji Finansowej" na Facebook-u i sprawdź czy i kiedy w twojej okolicy odbędzie się taki seans oraz ewentualnie zapisz się na udział w nim. Przejdź od słów do czynów i zacznij budować swoje bogactwo już dziś.

Jak wyjść z długów i zbudować zdrową historię kredytową?

Wyjście z długów może być trudnym zadaniem, ale nie jest niemożliwe. Istnieje wiele strategii i technik, które mogą Ci pomóc zredukować długi i zbudować pozytywną historię kredytową. Pozwól, że przedstawię Ci kilka prostych i łatwych do zrozumienia wskazówek, które pomogą Ci skutecznie i maksymalnie szybko pozbyć się długów.

Jednym z pierwszych kroków w procesie wyjścia z długów jest stworzenie realistycznego budżetu. Tworzenie budżetu omówiliśmy wcześniej. Również za nami już omówienie zmian nawyków zakupowych.

Wspominałem o tym, ale warto jeszcze raz sobie przypomnieć. Rozważ skonsolidowanie długów: Jeśli posiadasz wiele różnych długów, rozważ skonsolidowanie ich w jeden kredyt. Oznacza to, że będziesz spłacać jeden kredyt zamiast wielu, co może ułatwić śledzenie i organizowanie swoich finansów. Pamiętaj jednak, by przeanalizować – czy skonsolidowany kredyt nie jest zbyt drogi od sumy dotychczasowych? Poproś panią w banku wydrukować Ci symulację nowego kredytu i porównaj jak dużo różni się jego rata w odniesieniu do sumy rat dotychczasowych zobowiązań. Jeśli różnica dla Ciebie korzystna, to śmiało idź w ten układ. Jeśli zaś wpadasz w jeszcze większe zobowiązania, odłóż tę sprawę, spłacaj małe kredyty i za każdym razem wracaj do przeanalizowania możliwości konsolidacji. Bo z czasem Twoja sytuacja może bardzo dużo się zmienić na Twoją korzyść.

Po pierwsze, będziesz już miał mniejszą sumę zadłużenia.

I po drugie, ze zmniejszeniem zadłużenia może wzrosnąć Twoja zdolność kredytowa, a takim klientom banki nieraz oferują lepsze warunki nowego kredytowania vel konsolidacji.

Negocjacja z wierzycielami: Jeśli masz trudności ze spłatą długów, skontaktuj się ze swoimi wierzycielami i negocjuj warunki spłaty. To dotyczy również banków. Znam człowieka, który zaciągnął kilka milionowy kredyt na swojej firmy. Pomysł nie wypalił i ten człowiek został z ogromnym długiem i brakiem wystarczających do zapłaty rat dochodów. Zostały mu drogie specjalistyczne maszyny, które ot tak sobie nie można sprzedać jak samochód czy nawet mieszkanie.

Poszedł on do swojego banku, przedstawił sytuację i uzyskał nowe warunki spłaty, które pozwoliły mu na spokojnie zorganizować sobie nowe źródło dochodu i w konsekwencji spłacić ogromny dług i nawet nie trafić do BIK-u.

Po prostu należy zrozumieć, że bankom nie potrzebne rzeczy zadłużonego. Ani ścigania go po całej Polsce czy Europie. Banki chcą odzyskać swoje pieniądze i jeszcze zarobić i mogą być skłonni współpracować z Tobą w znalezieniu rozwiązania! Często można uzyskać niższą stopę procentową lub elastyczniejsze warunki spłaty.

Spłać najpierw najmniejsze, a zaraz po tym najdroższe długi: Jeśli masz wiele „drogich" długów, skoncentruj się na spłacie tych o najwyższych stopach procentowych. To oznacza, że zapłacisz mniej odsetek na przestrzeni czasu i szybciej wyjdziesz z długów.

Regularne spłacanie długów: Próbuj regularnie spłacać swoje długi, nawet jeśli jest to tylko minimalna płatność. Regularność w spłacaniu długów ma wpływ na Twoją historię kredytową i pomoże Ci budować pozytywną opinię jako konsumenta.

Monitoruj swoją historię kredytową: Regularnie sprawdzaj swoją historię kredytową, aby upewnić się, że nie ma błędów lub nieprawidłowości. Jeśli zauważysz coś niepokojącego, skontaktuj się z biurem informacji kredytowej, aby to wyjaśnić.

Unikaj nowych długów: Jeśli już dokonasz postępu w spłacie długów, staraj się unikać brania nowych zobowiązań aż do całkowitej spłaty starych. Miej świadomość swojego budżetu i konsekwentnie zarządzaj swoimi finansami.

Wyjście z długów i budowanie zdrowej historii kredytowej może wymagać czasu i cierpliwości, ale jest to osiągalne i bardzo opłacalne, gdyż pokaże Ci jak wykorzystywać kredyty dla zarabiania dużych pieniędzy.

A propos…

Czy i ewentualnie - jaka jest różnica między długiem a zobowiązaniem finansowym?

Ten temat dla wielu może wydawać się nieco skomplikowany. O ile słowa te mogą sugerować tożsamość tych pojęć, to jednak mają nieco inną definicję i znaczenie w kontekście finansów. Pozwól, że wyjaśnię Ci to prostym i zrozumiałym językiem.

Zobowiązanie finansowe w klasycznym zrozumieniu, to bardziej ogólny termin, który obejmuje wszelkie rodzaje zobowiązań wynikających z naszych finansowych działalności. Oprócz długów może to obejmować również inne zobowiązania, takie jak rachunki za prąd, gaz czy wodę, czynsz mieszkaniowy czy raty za telewizor na kredyt. Wszystko to stanowi nasze zobowiązania finansowe, ponieważ musimy zapłacić określoną kwotę pieniędzy w określonym czasie. W kontekście zadłużenia dług, na czas i w pełni spłacany, jest jedynie zobowiązaniem. Długiem staje się, kiedy spóźniamy się z ratami lub w ogóle ich nie płacimy. Właśnie dlatego nie trafiamy na listę dłużników w BIK czy KRD, kiedy mamy kredyt, ale spłacamy go rzetelnie. Wciąż pozostajemy finansowo wiarygodnymi obywatelami i nie jesteśmy traktowani jak dłużnicy.

Przy okazji... Mało kto o tym wie. Branie kredytów czy zakupy na raty i spłata ich w terminie i bez opóźnienia rat znacząco polepsza naszą historię kredytową, nawet w porównaniu z tym, jakbyśmy wcale nigdy nie brali kredytu. Tak więc, kredyty brać w pewnym sensie trzeba, ale podchodzić do tego bardzo rozsądnie. O tym za chwilę...

Warto również podkreślić, że dług może być jednym rodzajem zobowiązania finansowego, ale nie jest nim każde zobowiązanie finansowe. Oznacza to, że nie wszystkie nasze finansowe zobowiązania są długami, ale każdy dług jest zobowiązaniem finansowym.

Mam nadzieję, że teraz jesteś bardziej świadomy tych dwóch terminów i jesteś gotów podejść do nich z większą pewnością siebie. Pamiętaj, że zarządzanie swoimi finansami może być trudne, ale ważne jest, aby rozumieć różne terminy i zasady, aby podejmować mądre decyzje finansowe.

Odpowiedzialne korzystanie z kredytu: Kluczowe zasady dla Twojego sukcesu finansowego

Korzystanie z kredytu jest powszechne w dzisiejszym społeczeństwie, zarówno przy zakupie większych dóbr, jak i w przypadku nieplanowanych wydatków. Jednak niewłaściwe zarządzanie kredytem może prowadzić do poważnych problemów finansowych. Oto zasady, które będą pomocne dla każdego, kto chce odpowiedzialnie korzystać z kredytu.

1. Rozważ swoje możliwości przed podjęciem decyzji:

Pierwszym krokiem przed zaciągnięciem kredytu jest dokładna analiza swojej sytuacji finansowej.

Przyjrzyj się swoim dochodom, wydatkom oraz oszczędnościom, czyli budżetowi. Zastanów się, czy jesteś w stanie regularnie spłacać raty kredytu, pozostawiając jednocześnie wystarczającą ilość pieniędzy na codzienne wydatki i ewentualne nieprzewidziane sytuacje.

2. Wybierz właściwy rodzaj kredytu:

Kredyty mają różne cele i warunki, dlatego też warto dokładnie przeczytać umowę i porównać oferty różnych instytucji finansowych. Zwróć szczególną uwagę na oprocentowanie, prowizje, okres spłaty i warunki ubezpieczenia. Upewnij się, że wybierasz kredyt odpowiadający Twoim potrzebom i możliwościom finansowym.

3. Spłacaj zobowiązania w terminie:

Regularne spłacanie rat kredytu jest kluczowe dla zachowania dobrej historii kredytowej. Pamiętaj, że opóźnienia w spłacie mogą prowadzić do dodatkowych kosztów w postaci odsetek karnych oraz negatywnego wpływu na Twoją zdolność kredytową w przyszłości. Twórz sobie nawyk terminowego regulowania rat, korzystając na przykład z automatycznych przelewów.

4. Nie przekraczaj swoich limitów:

Korzystanie z kredytu nie oznacza, że możesz wydawać więcej niż zarabiasz. Odpowiedzialne korzystanie z kredytu polega na rozsądnym obliczeniu swojej zdolności kredytowej i przestrzeganiu zaplanowanego budżetu. Unikaj wydawania więcej niż 30% swojego miesięcznego dochodu na spłatę kredytów.

5. Uważnie czytaj małą czcionkę:

Nigdy nie podpisuj umowy kredytowej bez dokładnego przeczytania wszystkich zapisów. Szczególnie zwróć uwagę na ukryte opłaty, zmienne oprocentowanie, karne odsetki czy warunki przedterminowej spłaty. Jeśli masz wątpliwości, skonsultuj się z doradcą finansowym lub prawnikiem, aby uniknąć nieprzyjemnych niespodzianek w przyszłości.

6. Zadbaj o swoją historię kredytową:

Twoja historia kredytowa ma ogromne znaczenie dla Twojej zdolności kredytowej w przyszłości. Dlatego też, regularne spłacanie rat kredytów, unikanie zaległości czy windykacji to kluczowe elementy budowania dobrej reputacji kredytowej. Pamiętaj, że to może wpływać na warunki kredytowe, które będziesz mógł otrzymać w przyszłości.

7. Poważnie zastanów się: jakie raty kredytu stałe czy zmienne?

Kiedy decydujemy się na podjęcie kredytu, ważne jest, aby zrozumieć, jak będą obliczane nasze raty. Dwoma podstawowymi rodzajami rat kredytu są raty stałe i zmienne.

Raty kredytu stałe to taka forma spłaty, w której rata pozostaje niezmieniona przez cały okres kredytowania. Oznacza to, że zarówno kwota kapitału, jak i odsetki są rozłożone na wartość dla każdej raty, ale w taki sposób, że na początku spłaty spłacamy więcej odsetek i mniej kapitału. Nieświadomość tego faktu jest przyczyną zdziwienia ludzi, którzy w połowie okresu spłaty rat dowiadują się, że mają do spłaty nie połowę kapitału, jak sądzili, a większą jego część. Jednak w miarę spłacania kredytu, proporcja ta ulega odwróceniu, a większa część raty zaczyna redukować salda kapitału. Dlatego też, mimo że rata nie zmienia się, udział odsetek i kapitału w ratach ulega stopniowej zmianie.

Raty kredytu zmienne, jak sama nazwa wskazuje, podlegają zmianom w trakcie okresu kredytowania. W przypadku tych kredytów, rata jest obliczana na podstawie stałej części kapitału w racie i dodanych do niej odsetek. Czyli, w połowie okresu spłaty, klient rzeczywiście ma spłacone 50% kapitału. Na wysokość zarówno stałych jak i zmiennych rat ma wpływ zmienna stopa procentowej, która może się zmieniać wraz z rynkowymi warunkami. Na ogół zmiany odsetek są określane na podstawie referencyjnej stopy procentowej, takiej jak stopa WIBOR. Gdy stopa procentowa wzrasta, rata kredytu również wzrasta, a gdy spada, rata maleje. Jednak niektóre kredyty zmienne mają ustalone okresy, w których rata pozostaje niezmieniona, bez względu na zmiany na rynku.

Aby obliczyć raty kredytu, banki korzystają z matematycznego modelu, który uwzględnia zarówno wysokość kapitału, jak i zastosowaną stopę procentową. Mając te informacje, banki będą korzystać z odpowiednich wzorów matematycznych, aby obliczyć wysokość raty. Przykładowo, dla kredytu stałego rata może być obliczana przy użyciu wzoru równo ratalnego, gdzie kwota kapitału i odsetek jest rozłożona na równą wartość dla każdego okresu spłaty.

Dla kredytu zmiennego, rata może być obliczana na podstawie obecnej stopy procentowej i innych czynników wpływających na zmiany w wysokości raty.

Wybór między ratami stałymi a zmiennymi zależy od naszych preferencji i sytuacji finansowej. Raty stałe mogą zapewnić nam pewność, ponieważ rata pozostaje niezmienna, co ułatwia planowanie budżetu. Z drugiej strony, raty zmienne mogą być korzystne w przypadku spadających stóp procentowych, ponieważ można skorzystać z niższych rat. Teraz w wielu, jeśli nie wszystkich, bankach można poprosić o wydruk symulacji kredytu, gdzie widać wyodrębnione sumy odsetek, prowizji banku czy ubezpieczenia.

Wniosek jest taki, że przed podjęciem decyzji warto porównać różne oferty kredytowe i skonsultować się z ekspertem, aby podjąć dobrze przemyślaną decyzję.

Odpowiedzialne korzystanie z kredytu to kluczowy element zdrowego zarządzania finansami. Przestrzeganie powyższych zasad i dbanie o swoją historię kredytową, pozwoli Ci cieszyć się

stabilnością finansową i uniknąć wielu problemów, które mogą wyniknąć z nadmiernego zadłużenia.

Powiem Ci jedną rzecz. Mało kto o tym wie, ale istnieje fantastyczna możliwość zarabiania na kredycie. Od kilku lat korzystam z tego mechanizmu i powiem, że zarabianie na cudzych pieniądzach, w tym przypadku na pieniądzach banku jest bardzo miłe! A działa to tak...

Wyobraź sobie, że bank dał Ci 100 000 zł pod 15% rocznych na 10 lat. Rata takiego kredytu wyniesie około 1650 zł.

Z drugie strony masz inwestycyjny instrument, który daje Ci 10% zysku miesięcznie. To są realne dane i ten instrument realnie oferuję swoim klientom takie zyski. Szczegółowo omawiam to na osobistych konsultacjach inwestycyjnych. Żeby miesięcznie wygenerować sumę, która pokryje Twoją ratę, musisz zainwestować w ten instrument około 17 000 zł (zysk wychodzi nieco więcej niż potrzebny na zapłacenie rat, ale zakładam, że przy wypłacie zysku powstaną małe prowizje banku, giełdy kryptowalutowej czy kantoru).

Raty masz z głowy! Zostaje Ci do dyspozycji 83 000 zł.

Inwestując kolejne 68 000 zł z pieniędzy banku, po zapłaceniu podatków, uzyskujesz na czysto lekko ponad 5 000 zł przychodu miesięcznie, a to na dzień dzisiejszy równa się całkiem przyzwoitej pensji gdzieś w zakładzie. Ponadto, masz jeszcze do dyspozycji 30 000 zł, które możesz zainwestować w jakiś inny instrument inwestycyjny, dywersyfikując portfel. Albo po prostu wydać na bieżące potrzeby. **Czyż nie jest to wspaniałe?!**

ROZDZIAŁ 2: INWESTOWANIE DLA PRZYSZŁOŚCI

> *"Człowiek, który myśli o przyszłości, inwestuje w nią dzisiaj."* - *Warren Buffett*

Podstawy inwestowania: Kluczowe czynniki sukcesu na rynkach finansowych

Inwestowanie to szerokie pojęcie, które dla wielu jest tajemnicą otoczoną liczbami i ryzykiem. Jednak z odpowiednią wiedzą i strategią, każdy może rozpocząć swoją podróż na rynkach finansowych. Co do tego jest niezbędne?

1. Edukacja finansowa:

Znaczenie edukacji finansowej omówiliśmy wyżej, ale nie zaszkodzi jeszcze raz to sobie przypomnieć. Zdobycie wiedzy na temat rynków finansowych i instrumentów inwestycyjnych jest pierwszym i najważniejszym krokiem na drodze do sukcesu inwestycyjnego. Powinieneś zrozumieć terminologię, przeczytać książki i artykuły, uczestniczyć w szkoleniach oraz korzystać z dostępnych online materiałów edukacyjnych. Bardzo dobrym posunięciem będzie również wizyta u konsultanta inwestycyjnego. Sam udzielam takich konsultacji i dobrze wiem, jak dużo można zyskać z nich i jak dużo można stracić lekceważąc tę dobrą radę. Im lepiej zrozumiesz procedury i mechanizmy rynków, tym większą kontrolę będziesz miał nad swoimi inwestycjami.

2. Określenie celów inwestycyjnych:

Każdy inwestor powinien mieć jasno sprecyzowane cele inwestycyjne. Znając swoje cele, będziesz w stanie wybrać odpowiednie instrumenty i strategie, które doprowadzą cię do sukcesu. O postawieniu sobie celów czytaj wyżej – rozdział o metodzie SMART.

3. Dywersyfikacja portfela:

Nie stawiaj wszystkiego na jedną kartę. Dywersyfikacja portfela to kluczowa zasada inwestycyjna, która polega na rozłożeniu ryzyka poprzez inwestowanie w różne aktywa takie jak akcje, obligacje czy nieruchomości. Dzięki dywersyfikacji minimalizujesz ryzyko utraty kapitału i zwiększasz potencjalne zyski. Jednak, jeśli zaczynasz przygodę z inwestycjami zaczynasz od bardzo małych sum, to lepiej jest skorzystać z jednego, maksimum dwóch instrumentów. Postaraj się wybrać takie, które nie wymagają dużego wkładu środków, dają większy zysk, ale są też maksymalnie bezpieczne. Absolutnie odradzam wszelkiego rodzaju hyip-y i finansowe piramidy! Niestety tego typu ofert jest ostatnio mnóstwo i potrafią kusić człowieka łatwością zdobycia fortuny.

Udział w finansowej piramidzie - zagrożenie dla portfela i reputacji!

Finansowe piramidy, znane również jako schematy Ponzi, ciągle stanowią poważne zagrożenie dla osób, które chcą szybko pomnożyć swoje oszczędności. Od niedawna odmianą takiej piramidy są tak zwane matrycy lub stoły. Często są przykryte jakimś towarem bądź usługą, z reguły nie mającą sama w sobie żadnej wartości. Pomimo działań podejmowanych przez władze i organy ścigania, wiele osób wciąż pada ofiarą tych nieuczciwych praktyk. Nie daj się finansowym cwaniakom!

Finansowa piramida jest jednym z najszybszych sposobów na utratę zgromadzonej fortuny. W teorii, uczestnicy są zachęcani do inwestowania pewnej kwoty pieniędzy, obiecując w zamian ogromne zyski w skróconym czasie. Przekonującym argumentem dla wielu ludzi jest fakt, że uczestniczenie w takim schemacie jest nie tylko prostym, ale również łatwym sposobem na zdobycie dużej ilości pieniędzy przy minimalnym wysiłku.

Jednak w praktyce, finansowe piramidy są w rzeczywistości mechanizmami oszukańczymi, w których osoby, które dołączają później, wpłacają pieniądze, które są używane do wypłaty zysków dla wcześniejszych uczestników. Niemniej jednak, kiedy liczba nowych uczestników maleje, dochodzi do punktu, w którym system się załamuje, a większość ludzi traci swoje inwestycje.

Uczestnictwo w takim schemacie wiąże się również z ryzykiem utraty reputacji. Osoby, które reklamują i promują piramidy, często działają na podstawie sieci poleconych, czyli zachęcają znajomych, rodzinę i innych do dołączenia do systemu. Kiedy piramida upada, osoby te mogą być postrzegane jako odpowiedzialne za straty innych uczestników, co może prowadzić do społecznej izolacji i utraty zaufania.

4. Analiza fundamentalna i techniczna:

Podstawowe narzędzia inwestycyjne to analiza spółek akcyjnych: fundamentalna i techniczna. Analiza fundamentalna opiera się na badaniu danych finansowych oraz analizie kondycji przedsiębiorstw, co pozwala ocenić ich wartość rynkową. Natomiast analiza techniczna opiera się na badaniu wykresów i trendów cenowych, pomagając przewidzieć przyszłe ruchy cenowe. Kombinacja tych dwóch metod może znacznie zwiększyć efektywność twoich decyzji inwestycyjnych. Dotyczy to głównie rynku akcji. Inne rynki inwestycyjne rządzą się innymi zasadami.

Tutaj chciałbym zaznaczyć, że należy zachować ostrożność i nie wchodzić w inwestowanie na podstawie analizy fundamentalnej czy technicznej aż do dobrego opanowania tych zagadnień. Na początku warto większą uwagę zwrócić na fundusze inwestycyjne. Do tego jeszcze wrócimy.

5. Zarządzanie ryzykiem:

Kluczem do sukcesu na rynkach finansowych jest umiejętne zarządzanie ryzykiem. Określ

maksymalną stratę, jaką jesteś gotów ponieść na każdej inwestycji i stosuj zasady zarządzania kapitałem. Unikaj emocjonalnych decyzji inwestycyjnych, które mogą prowadzić do nieprzemyślanych transakcji.

Jeszcze raz! ... Pamiętaj o edukacji finansowej, celach inwestycyjnych, dywersyfikacji portfela oraz zarządzaniu ryzykiem. Trzymając się tych podstawowych zasad, zwiększasz swoje szanse na sukces na rynkach finansowych. Dlatego, jeśli myślisz o inwestowaniu, zainwestuj najpierw w swoją wiedzę i doświadczenie!

Kluczowe pojęcia finansowe

to niezbędne elementy zrozumienia i zarządzania naszymi finansami. Bez znajomości tych pojęć, trudno jest podejmować odpowiednie decyzje inwestycyjne. Przedstawię kilka z tych kluczowych pojęć, które każdy powinien znać.

Pierwszym kluczowym pojęciem jest budżet. Budżet to plan wydatków i dochodów, który pomaga nam kontrolować nasze finanse. Opracowanie budżetu to podstawowy krok w osiąganiu stabilności finansowej. Zresztą, wcześniej już sporo o tym powiedziałem.

Drugim ważnym pojęciem jest oprocentowanie. Oprocentowanie to koszt lub zysk związany z pożyczką lub inwestycją. Na przykład, jeśli zaciągamy kredyt, bank pobiera od nas odsetki za udostępnienie środków. Z drugiej strony, gdy inwestujemy nasze pieniądze, możemy otrzymać odsetki lub zyski z tytułu inwestycji. Rozumienie oprocentowania jest kluczowe, aby podejmować korzystne decyzje finansowe.

SEKRETY FINANSOWEJ INTELIGENCJI

Trzecim istotnym pojęciem jest aktywo. Aktywo to cenny przedmiot lub inwestycja, która generuje dochody lub wartość w przyszłości. Mogą to być nieruchomości, akcje spółek, obligacje, towary lub inne formy inwestycji. Posiadanie różnorodnych aktywów jest ważne dla dywersyfikacji naszego portfela inwestycyjnego i minimalizowania ryzyka. Słynny filozof biznesu Robert Kiyosaki daje najlepszą, jak na moje oko, definicję Aktywa – to jest to, co wkłada pieniądze do Twojego portfela. To zagadnienie wymaga szerszej rozmowy i do tego pewnie jeszcze wrócę.

Kolejnym kluczowym pojęciem jest inflacja. Inflacja to wzrost ogólnego poziomu cen dóbr i usług w gospodarce. W dłuższym okresie inflacja zmniejsza siłę nabywczą naszych pieniędzy. Oznacza to, że nasze oszczędności mogą tracić wartość w związku z tym wzrostem cen. Dlatego ważne jest zrozumienie wpływu inflacji na nasze finanse i podejmowanie działań mających na celu ochronę naszych oszczędności przed jej skutkami.

Kolejnym kluczowym pojęciem jest dywidenda. Dywidenda to wypłata części zysków spółki akcyjnej jej udziałowcom. Otrzymują ją posiadacze akcji danej spółki, którzy dzięki temu czerpią korzyści z sukcesu przedsiębiorstwa. Dywidendy mogą być wypłacane regularnie lub jednorazowo i stanowią ważne źródło dochodu dla wielu inwestorów.

Ostatnim kluczowym pojęciem finansowym, które chciałbym omówić, jest zysk netto. Zysk netto to różnica między dochodami a kosztami danej firmy lub osoby. Oznacza to kwotę, którą firma zarobiła po odjęciu wszystkich wydatków, podatków i kosztów operacyjnych. Zysk netto jest ważnym wskaźnikiem zdrowia finansowego przedsiębiorstwa i może wpływać na wartość udziałów lub akcji tej firmy.

Kluczowe pojęcia finansowe są fundamentem naszej wiedzy o finansach i pomagają nam podejmować rozsądne decyzje dotyczące zarządzania naszymi pieniędzmi. Bez zrozumienia tych pojęć możemy łatwo popełnić błędy finansowe lub stracić możliwości inwestycyjne. Dlatego warto poświęcić czas na naukę i rozwijanie swojej wiedzy finansowej.

Analiza ryzyka inwestycji

Możesz póki co pominąć ten rozdział, jeśli zamierzasz skorzystać z mojej konsultacji inwestycyjnej, gdyż na tych konsultacjach omówimy tę kwestię w odniesieniu bezpośrednio do Twojej sytuacji, planów i celów.

W dzisiejszych czasach, inwestowanie staje się coraz popularniejsze, zarówno wśród doświadczonych inwestorów, jak i osób dopiero rozpoczynających swoją przygodę z rynkiem finansowym. Jednakże, sam akt inwestowania nie gwarantuje nam zysków - istnieje zawsze pewne ryzyko straty kapitału. Dlatego też, profesjonalna analiza ryzyka inwestycji jest niezwykle ważna dla każdego inwestora.

Analiza ryzyka inwestycyjnego to proces oceny i identyfikacji potencjalnych zagrożeń oraz szans związanych z daną inwestycją. Jest to kluczowy element strategii inwestycyjnej, ponieważ pozwala inwestorom podejmować świadome decyzje na podstawie rzetelnych informacji.

Pierwszym krokiem w analizie ryzyka inwestycji jest ocena profilu ryzyka inwestora. Każdy inwestor ma inny poziom tolerancji ryzyka, który wynika z osobistych preferencji oraz celów inwestycyjnych. Niektórzy inwestorzy preferują bardziej konserwatywne opcje, które zapewniają stabilność, podczas gdy inni mogą szukać wysokich zwrotów i są gotowi zaryzykować większą utratą kapitału. Zrozumienie profilu ryzyka inwestora jest kluczem do doboru odpowiednich instrumentów inwestycyjnych.

Kolejnym krokiem jest analiza fundamentalna przedsiębiorstwa lub instrumentu finansowego, w który inwestor zamierza ulokować swoje środki. Analiza ta obejmuje dokładne badanie kondycji finansowej, perspektyw rozwoju, konkurencji oraz czynników zewnętrznych, które mogą wpłynąć na wartość inwestycji. W przypadku inwestowania na giełdzie, analiza techniczna również może być przydatna, aby zrozumieć trendy i cykle rynkowe.

Ważnym aspektem analizy ryzyka inwestycji jest także ocena polityczno-ekonomicznych czynników, które mogą mieć wpływ na rynki finansowe. Wydarzenia polityczne, zmiany w przepisach prawnych, zmiany w polityce monetarnej czy globalne kryzysy mogą mieć ogromny wpływ na wartość inwestycji. Dlatego też, inwestorzy powinni być świadomi tych czynników i monitorować je na bieżąco.

Ostatnim etapem analizy ryzyka inwestycji jest dywersyfikacja portfela. Oznacza to, że inwestor nie powinien „stawiać wszystkich jajek w jednym koszyku", ale raczej rozłożyć swoje inwestycje na różne klasy aktywów: akcje, obligacje, nieruchomości itp. Dzięki temu, nawet jeśli jedna inwestycja przynosi straty, inne mogą je zrekompensować.

Podsumowując, analiza ryzyka inwestycji jest nieodzowna dla każdego inwestora, niezależnie od poziomu doświadczenia. Pozwala ona oszacować potencjalne zagrożenia oraz szanse, unikając nieprzyjemnych niespodzianek. Pamiętajmy, że inwestowanie to gra o wysokim stopniu ryzyka, dlatego warto skonsultować się z profesjonalistą, aby dokonać kompleksowej analizy i podejmować bardziej świadome decyzje inwestycyjne.

Strategie inwestycyjne - klucz do sukcesu na rynkach finansowych

Inwestowanie na rynkach finansowych może być emocjonujące oraz potencjalnie dochodowe, ale równocześnie niezwykle ryzykowne. Aby osiągnąć sukces i maksymalizować zyski, niezbędne jest posiadanie dobrze przemyślanej strategii inwestycyjnej. W tym artykule przedstawiam kilka sprawdzonych strategii, które mogą pomóc inwestorom osiągnąć swoje cele finansowe.

1. Długoterminowe inwestowanie

Jedną z najpopularniejszych strategii inwestycyjnych jest długoterminowe inwestowanie. Polega ona na wybraniu perspektywicznych aktywów, takich jak akcje solidnych spółek lub fundusze indeksowe, i utrzymaniu ich przez długi okres czasu. Statystycznie udowodniono, że z biegiem czasu wartość takich aktywów rośnie. Dzięki temu inwestor może osiągnąć korzyści wynikające z potencjalnego wzrostu wartości tych aktywów w dłuższej perspektywie. Bardzo znanym dowodem na to mogą być historie znanych firm, jak to Apple, Microsoft czy Amazon. Na początku ich akcje można było kupić za kilka, kilkanaście centów.

Dzisiaj każda kosztuje setki i nawet tysiące dolarów.

2. Dywersyfikacja portfela

Dywersyfikacja jest niezwykle istotna dla każdego inwestora. Polega ona na rozłożeniu kapitału na różne klasy aktywów, takie jak akcje, obligacje, nieruchomości czy metale szlachetne. Dzięki temu, jeśli jedna część portfela znajdzie się w trudnej sytuacji, inne składniki mogą nadal generować dochody. Dywersyfikacja pomaga również zminimalizować ryzyko i chronić kapitał inwestora. Chciałbym jednak zaznaczyć, że złoto, niektóre metale szlachetne raczej nie są instrumentem zarabiającym, tylko zachowującym wartość oszczędności. Taki, mało znany przykład. Kiedy Henry Ford uruchomił seryjną produkcję samochodów, ten samochód kosztował mniej-więcej 20 uncji złota wg ówczesnego kursu wymiany. Dzisiaj samochody Forda średnio również kosztują około 20 uncji złota już w dzisiejszych pieniądzach.

3. Inwestowanie w wartości

Inwestowanie w wartości to strategia, która polega na poszukiwaniu niedowartościowanych aktywów. Polega na analizie fundamentalnej spółek lub aktywów, aby znaleźć te, które są niedoceniane przez rynek, ale mają potencjał wzrostu w przyszłości. Inwestowanie w wartości wymaga cierpliwości i umiejętności rozpoznawania ukrytej wartości, ale może być bardzo wynagradzające dla inwestorów, którzy wybiorą odpowiednie aktywa. Osobiście nie jestem zbyt rozeznany w tym temacie, więc, daję informację bardzo powierzchownie.

4. Inwestowanie systematyczne

Inwestowanie systematyczne to strategia, która polega na regularnym lokowaniu określonej kwoty pieniędzy w wybrane aktywa. Bez względu na to, czy rynek jest w górę czy w dół, regularne inwestowanie pozwala inwestorom wyśrodkować swoje ceny zakupu aktywów. Ta strategia wykorzystuje zasadę dolara kosztowego i pozwala zminimalizować efekt emocjonalny, który często towarzyszy inwestowaniu. Jest bardzo ciekawy instrument. Wyobraź sobie, że kupiłeś 100 akcji jakiejś spółki po $10 za akcję, wydałeś więc $1000. Po jakimś czasie dowiadujesz się, że wartość spółki spadła i jej akcje kosztują zaledwie $5. Odpowiednio, wartość Twojej inwestycji stanowi w tym momencie $500. „Aj-ja-jaj! Szybko trzeba pozbyć się tych akcji, póki nie spadną jeszcze bardziej" – będzie krzyczeć niedouczony inwestor. Ale Ty, jako inwestor z niezbędnym bagażem wiedzy i doświadczenia, zachowasz spokój, bo widzisz, że spółka ma potencjał i może wrócić do dawnej świetności, a nawet możliwie wejść wyżej. Co zrobisz? Wyciągniesz z konta kolejne $1000 i kupisz ty razem 200 akcji. Masz wobec tego w portfelu 300 akcji i zapłaciłeś za nie sumarycznie $2000.

Z tego wynika, że cena jednej akcji w portfelu stanowi $2000/300 = \$6{,}67$, a to jest więcej niż dzisiejsza cena $5. Jak tylko cena 1 akcji znowu wzrośnie do poprzedniego poziomu, to Ty będziesz mógł sprzedać 300 po $10, co da $3000 utargu. $3000-2000 = \$1000$ zysku.

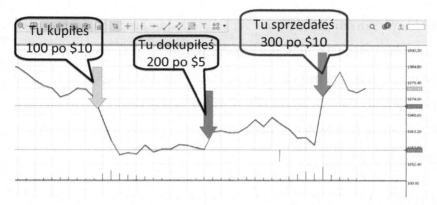

Konkluzja z tego taka, że inwestując systematycznie i przemyślanie, stopniowo uśredniasz cenę zakupionych akcji i w odpowiedni moment sprzedając je fiksujesz zysk na wysokim poziomie.

5. Inwestowanie w indeksy

a) Inwestowanie w indeksy to strategia, która polega na inwestowaniu w fundusze indeksowe, które odzwierciedlają wybrany indeks giełdowy, na przykład S&P 500. Ta strategia ma wiele zalet, w tym niskie koszty inwestycyjne, wysoką dywersyfikację i minimalizację ryzyka związanego z wyborem indywidualnych akcji.

6. Inwestowanie we współczesne instrumenty finansowe

Inwestowania na giełdzie FOREX - nowoczesny sposób na osiąganie zysków.

Giełda FOREX, czyli Foreign Exchange, to jedno z najpopularniejszych miejsc inwestowania dla wielu trader-ów na całym świecie. Rocznie obraca się na niej ogromne sumy pieniędzy. Niedawno z ciekawości, na podstawie danych z 2022 roku, policzyłem dzienne obroty FOREX-u w odniesieniu do budżetu

Polski. Wyszło mi, że dziennie na FOREX-ie obraca się 56 rocznych budżetów Polski! To niewątpliwie czyni FOREx jednym z najbardziej dynamicznych i płynnych rynków finansowych. Dzięki możliwości inwestowania na giełdzie FOREX, zarówno indywidualni inwestorzy, jak i instytucje finansowe mają szansę na spekulacyjne działania w oparciu o kursy walut.

Inwestowanie na giełdzie FOREX charakteryzuje się wieloma cechami, które przyciągają osoby

pragnące zarabiać na spekulacji walutowej. Jedną z najważniejszych jest dostępność rynku przez 24 godziny na dobę, od poniedziałku do piątku. To oznacza, że inwestorzy mogą handlować o dowolnej porze dnia i nocy, dostosowując swoje działania do sytuacji na rynku. Dla wielu osób, które nie mają czasu na inwestowanie w tradycyjnych godzinach otwarcia rynków to ogromna zaleta.

Kolejnym atutem inwestowania na giełdzie FOREX jest wysoka płynność rynku. Oznacza to, że zlecenia kupna lub sprzedaży są realizowane błyskawicznie, co umożliwia inwestorom szybkie wejście lub wyjście z pozycji. Płynność jest kluczowa dla efektywnego inwestowania, ponieważ pozwala uniknąć znaczących strat wynikających z braku możliwości sprzedaży waluty w odpowiednim momencie.

Forma inwestowania na giełdzie FOREX to również duża elastyczność i możliwość stosowania różnych strategii inwestycyjnych. Inwestorzy mają dostęp do różnorodnych narzędzi analizy technicznej i fundamentalnej, które pomagają im podejmować decyzje na podstawie danych ekonomicznych, wydarzeń politycznych czy trendów rynkowych. Dzięki temu można zarówno korzystać z długoterminowych trendów, jak i wykorzystywać krótkoterminowe okazje do osiągnięcia zysków. Dużo możliwości daje przeprowadzenie ta zwanych transakcji arbitrażowych.

Inwestowanie na giełdzie FOREX wiąże się również z pewnymi ryzykami, dlatego ważne jest posiadanie odpowiedniej wiedzy i doświadczenia.

W ostatnich latach coraz więcej platform oferuje inwestorom dostęp do szkoleń, webinariów i poradników, które pozwalają zdobyć niezbędne umiejętności handlowe. Niemniej jednak, inwestowanie na rynku FOREX wymaga stałego monitorowania sytuacji na rynku, umiejętności zarządzania ryzykiem oraz zdolności do podejmowania szybkich decyzji w bardzo szybko zmieniających się warunkach.

Sztuczna inteligencja rewolucjonizuje inwestowanie na Giełdzie FOREX.

Dzięki wykorzystaniu tej zaawansowanej technologii inwestorzy mogą teraz czerpać niezliczone korzyści, które poprzednio były niemożliwe do osiągnięcia.

Automatyzacja procesu inwestycyjnego:

Jednym z najważniejszych aspektów zastosowania sztucznej inteligencji w inwestowaniu na Giełdzie FOREX jest automatyzacja procesu inwestycyjnego. Specjalnie zaprogramowane algorytmy oparte na sztucznej inteligencji pozwalają inwestorom na tworzenie strategii inwestycyjnych oraz podejmowanie decyzji w oparciu o analizę danych historycznych, trendów rynkowych i wskaźników technicznych w czasie rzeczywistym. To oznacza, że inwestor może działać 24/7, bez konieczności ciągłego monitorowania rynku, co daje mu wyjątkową przewagę konkurencyjną.

Precyzyjne prognozowanie trendów:

Sztuczna inteligencja stosowana w inwestowaniu na Giełdzie FOREX pozwala na dokładne prognozowanie trendów rynkowych. Algorytmy mogą analizować znaczące ilości danych, takie jak wskaźniki ekonomiczne, wiadomości polityczne, wydarzenia globalne itp., aby przewidzieć, jak zmieni się wartość walut. Dzięki temu inwestorzy mogą podejmować bardziej świadome i trafne decyzje inwestycyjne, minimalizując ryzyko strat.

Eliminacja emocji:

Jednym z największych wyzwań dla inwestorów jest kontrolowanie emocji, które często wpływają na podejmowanie decyzji. Sztuczna inteligencja eliminuje ten czynnik, ponieważ algorytmy nie są podatne na lęki, niecierpliwość ani podniecenie. Ich decyzje są oparte wyłącznie na logicznym i obiektywnym podejściu, co prowadzi do lepszych wyników inwestycyjnych.

Optymalizacja zarządzania kapitałem:

Sztuczna inteligencja umożliwia precyzyjne zarządzanie kapitałem inwestycyjnym. Algorytmy mogą analizować ryzyko i wynagrodzenie związane z daną transakcją, co pozwala inwestorom na optymalne rozdzielenie kapitału, minimalizując narażenie na straty. Ponadto, sztuczna inteligencja pozwala na automatyczne dostosowywanie się do zmieniających się warunków rynkowych, co prowadzi do lepszej ochrony inwestycji.

Zastosowanie sztucznej inteligencji w inwestowaniu na Giełdzie FOREX ma rewolucyjny wpływ na sposób, w jaki inwestorzy podejmują decyzje i zarządzają swoim kapitałem. Dzięki automatyzacji, precyzyjnemu prognozowaniu trendów, eliminacji emocji oraz optymalizacji zarządzania kapitałem, inwestorzy mogą osiągnąć znacznie lepsze rezultaty inwestycyjne.

b) Kolejną formą współczesnego inwestowania są rozwijające się w ostatnich latach bardzo dynamicznie inwestycje w Crowdfunding, czyli finansowanie społecznościowe. Jest to metoda pozyskiwania środków finansowych poprzez zgromadzenie małych sum pieniędzy od dużej liczby osób, które w zamian otrzymują różnego rodzaju korzyści, takie jak produkty, usługi lub udział w projekcie. Osoba lub organizacja prosi o wsparcie finansowe od dużej grupy ludzi, często za pośrednictwem internetu. Crowdfunding jest popularną metodą pozyskiwania środków na rozwój różnych inicjatyw, w tym projektów społecznych, artystycznych, biznesowych czy charytatywnych.

Aby zrobić z tego inwestycję, najpierw musisz znaleźć platformę crowdfundingową, na której są prezentowane projekty do wsparcia. Istnieje wiele platform dostępnych online, takich jak Kickstarter,

IndieGoGo czy GoFundMe. Ja osobiście korzystam z jednej praktycznie nie znanej w Polsce, ale wykazującej bardzo dobre wyniki finansowe i stabilność wypłat zysków. Umów się na indywidualną konsultację ze mną, a chętnie zapoznam Cię z tym instrumentem inwestycyjnym. Po wybraniu platformy, możesz przeglądać różne projekty i wybrać ten, który Cię interesuje.

Następnie zazwyczaj musisz zadeklarować kwotę, którą chcesz zainwestować. Może to być dowolna suma - od kilku dolarów do kilkuset dolarów lub więcej, w zależności od Twojej gotowości do zaangażowania finansowego. Warto dokładnie zapoznać się z ofertą projektu i zrozumieć, co otrzymuje się w zamian za inwestycję, należy jednak pamiętać, że nie wszystkie projekty odnoszą sukces, więc istnieje ryzyko straty pieniędzy.

Crowdfunding daje możliwość wsparcia ciekawych projektów lub nowych przedsięwzięć, które mogą nie mieć tradycyjnych źródeł finansowania. Daje również szansę niedoświadczonym inwestorom by angażować się w przyszłe sukcesy.

Wyżej opisane strategie inwestycyjne są tylko niektórymi z wielu dostępnych opcji. Każdy inwestor powinien znaleźć strategię, która najlepiej odpowiada jego celom, profilowi ryzyka i doświadczeniu. Warto pamiętać, że żadna strategia nie jest pozbawiona ryzyka, dlatego ważne jest dobrze zrozumieć rynek i odpowiednio zarządzać swoim portfelem inwestycyjnym. Osoby planujące inwestycje powinny również skonsultować się z doświadczonym doradcą finansowym, który pomoże im znaleźć optymalne rozwiązania w oparciu o ich indywidualne potrzeby.

Giełda papierów wartościowych – jedna z idealnych form inwestycji dla nowych i doświadczonych inwestorów

Giełda papierów wartościowych jest jednym z najpopularniejszych rynków finansowych na świecie. Dla osób poszukujących formy inwestowania, giełda może stanowić niezwykle korzystne rozwiązanie. Bez względu na to, czy dopiero zaczynasz swoją przygodę z inwestowaniem, czy też masz już za sobą kilkuletni staż, giełda papierów wartościowych może dostarczyć Ci wielu emocji i potencjalnych zysków.

Przede wszystkim, inwestowanie na giełdzie papierów wartościowych pozwala na dywersyfikację portfela. To oznacza, że dzięki giełdzie możemy inwestować w różne branże i sektory, co minimalizuje ryzyko poniesienia straty. Oczywiście, istnieje także ryzyko inwestycyjne związane z giełdą, ale odpowiednio zrównoważone portfolio może pomóc zminimalizować te ryzyka.

Ważnym elementem inwestowania na giełdzie papierów wartościowych jest także możliwość szybkiego zarobienia pieniędzy. Giełda działa w czasie rzeczywistym, a zmiany cen akcji czy innych instrumentów finansowych mogą mieć miejsce na przestrzeni kilku sekund. Dla osób, które lubią ruchliwy rynek i szybkie zyski, giełda jest doskonałym miejscem.

Jednak nie tylko szybkość czyni z giełdy papierów wartościowych atrakcyjne miejsce inwestycji. Rynek ten oferuje także wiele narzędzi analitycznych, które mogą pomóc w podejmowaniu decyzji inwestycyjnych. Wieloletnie doświadczenie uczestników rynku oraz rozwój technologii sprawiają, że analiza fundamentalna czy techniczna staje się niezwykle precyzyjna i skuteczna.

Warto również zauważyć, że giełda papierów wartościowych daje możliwość inwestowania nawet małych kwot. Nie trzeba posiadać fortuny, aby rozpocząć swoją przygodę na rynku. Dzięki innowacyjnym platformom inwestycyjnym, można zacząć od niewielkich sum i stopniowo zwiększać swoje zaangażowanie.

Oczywiście, nie można zapominać o ryzyku inwestycyjnym związanym z giełdą papierów wartościowych. Inwestowanie na giełdzie wymaga odpowiedniej wiedzy, analizy rynku oraz świadomego podejścia do ryzyka. Dobry doradca inwestycyjny ze stażem zawsze będzie podkreślał znaczenie edukacji finansowej i dokładnego planowania inwestycji. Giełda papierów wartościowych może być fascynującym miejscem inwestycji, ale tylko dla tych, którzy starannie się do niej przygotują.

Nieruchomości jako inwestycja: Trwała wartość i stabilność finansowa

Poszukiwania sposobów na pomnożenie swojego majątku często prowadzą do różnych dziedzin, ale jedną z najpewniejszych i najbardziej dochodowych opcji jest inwestowanie w nieruchomości.

Nieruchomości od dawna są uważane za pewne i trwałe źródło wartości. W przeciwieństwie do rynków akcji lub surowców, które są podatne na wahania i niższą stabilność, nieruchomości zazwyczaj cieszą się długoterminowym wzrostem, który wspiera nasze finanse na przestrzeni lat.

Jedną z głównych korzyści inwestycji w nieruchomości jest możliwość generowania stałego dochodu pasywnego. Wynajem nieruchomości to doskonały sposób na regularne wpływy finansowe, które mogą przyczynić się do naszej stabilności finansowej. Wysoki popyt na mieszkania wynajmowane i stale rosnące stawki czynszów sprawiają, że inwestorzy często osiągają zwrot z inwestycji nawet po kilku latach.

Ponadto, nieruchomości mają również potencjał aprecjacji wartości. Oznacza to, że ich wartość może wzrosnąć w przyszłości, co umożliwia zarobienie na sprzedaży nieruchomości. Jest to szczególnie ważne w przypadku inwestycji w atrakcyjne lokalizacje, gdzie rynek nieruchomości jest rozwinięty i perspektywiczny.

Inwestowanie w nieruchomości daje również możliwość dywersyfikacji portfela inwestycyjnego. Posiadanie nieruchomości obok akcji czy obligacji pozwala na rozproszenie ryzyka i zwiększenie bezpieczeństwa naszych inwestycji. Dzięki temu nie jesteśmy zależni od jednej formy inwestycji, co sprawia, że nasze portfele są bardziej stabilne w przypadku ewentualnych spadków na rynku.

Dodatkowo, inwestowanie w nieruchomości daje nam kontrolę nad naszymi inwestycjami. Możemy samodzielnie decydować o wyborze nieruchomości, które odpowiadają naszym celom inwestycyjnym. Możemy poprawić wartość nieruchomości, wprowadzając niezbędne remonty lub modernizacje, co dodatkowo zwiększa nasz potencjał zysku.

W końcu, nieruchomości jako inwestycja dają nam pewność i poczucie stabilności. W przeciwieństwie do np. inwestycji w giełdę, która często podlega nagłym zmianom i spekulacjom, nieruchomości pozostają bardziej niezależne od krótkoterminowych trendów. Inwestowanie w nieruchomości to inwestowanie we własną przyszłość, zapewniające trwałe dochody i wartość naszego majątku.

Inwestowanie w przedsiębiorstwa

W dzisiejszym dynamicznym świecie, zamiast polegać wyłącznie na tradycyjnych formach oszczędzania, takich jak lokaty bankowe czy obligacje, coraz więcej osób decyduje się na inwestowanie swoich środków w przedsiębiorstwa. Dlaczego? Ponieważ dzisiejsza gospodarka oferuje nadzwyczajne możliwości zarabiania na różnorodnych rynkach.

Inwestowanie w przedsiębiorstwa to proces, który łączy zarówno wiedzę, jak i umiejętności. Jeżeli chcesz odnieść sukces i zacząć zarabiać na tym polu, istnieje kilka kluczowych kroków, które warto wziąć pod uwagę.

Po pierwsze, zanim zdecydujesz się inwestować, ważne jest, aby zrozumieć branżę, w której zamierzasz ulokować swoje środki. Przed zagłębieniem się w szczegóły konkretnych przedsiębiorstw, warto spędzić czas na zgłębianiu ogólnych trendów i perspektyw dla danej branży. Czy ma ona tendencję do wzrostu lub maleje? Jakie są główne czynniki wpływające na jej rozwój? Odpowiedzi na

te pytania pozwolą Ci dokonać świadomego wyboru w zakresie inwestycji.

Po drugie, rozważ inwestycje zarówno w duże, ugruntowane przedsiębiorstwa, jak i w małe, rozwijające się start-upy. Duże firmy zazwyczaj są bardziej stabilne i mają większe możliwości wzrostu, ale mogą być mniej płynne i podatne na wahania rynkowe. Z drugiej strony, małe start-upy oferują większy potencjał zysku, ale niosą ze sobą większe ryzyko. Dywersyfikacja portfela inwestycyjnego pomoże Ci zminimalizować ryzyko i zwiększyć szansę na osiągnięcie zadowalających wyników.

Po trzecie, starannie analizuj wskaźniki finansowe przedsiębiorstw, które planujesz wesprzeć swoimi inwestycjami. Sprawdź ich rentowność, zadłużenie, wzrost przychodów i zysków przez ostatnie lata. To pomoże Ci ocenić, czy dana firma jest warta Twojej uwagi. Nie bój się także skonsultować z ekspertami, którzy posiadają doświadczenie w analizie finansowej i mogą pomóc Ci w podejmowaniu decyzji.

Po czwarte, nie zapominaj o czasie. Inwestowanie w przedsiębiorstwa to proces, który wymaga cierpliwości i długoterminowego myślenia. Oczekuj okresowych wahnięć na rynku i nie panikuj przy każdej spadkowej tendencji. Kontroluj swoje emocje i podejmuj decyzje oparte na faktach, a nie na chwilowych impulsach.

Wreszcie, stale rozwijaj swoją wiedzę na temat inwestowania. Świat biznesu ewoluuje i ciągle pojawiają się nowe trendy i strategie. Czytaj książki, uczestnicz w szkoleniach, słuchaj podcastów dotyczących inwestowania - im więcej wiesz, tym lepiej będziesz przygotowany do podejmowania trafnych decyzji.

Inwestowanie w przedsiębiorstwa może być fascynującym procesem, który nie tylko pozwoli Ci zarabiać pieniądze, ale także rozwijać się jako inwestor. Pamiętaj jednak, że każda inwestycja niesie ze sobą pewne ryzyko. Dlatego tak ważne jest, aby inwestować świadomie i z głową.

Dzielenie się ryzykiem i zalety dywersyfikacji

Jednym z elementów, które należy brać pod uwagę na drodze do finansowego sukcesu, jest umiejętność radzenia sobie z ryzykiem. W świecie inwestycji ryzyko jest zawsze obecne, ale dzięki odpowiedniej strategii dywersyfikacji można je skutecznie zminimalizować. Dzielenie się ryzykiem to jedno z najważniejszych narzędzi, jakie inwestor może wykorzystać.

Dlaczego warto dzielić ryzyko? Po pierwsze, ryzyko można podzielić między różne aktywa, branże czy rynki. Stosując tę strategię, inwestor stawia na wiele różnych koni, co sprawia, że ewentualna porażka jednego z nich nie wpływa tak bardzo na cały portfel. Inwestycja w jedną branżę niesie ze sobą większe ryzyko, ponieważ jesteśmy uzależnieni od wyników tej konkretnej branży. Z drugiej strony, inwestując w różne branże, ryzyko jest rozproszone, a wszelkie straty będą mniejsze i bardziej kontrolowane. Dlatego też dywersyfikacja jest tak ważna - daje nam elastyczność i równoważy nasz portfel.

Kolejnym argumentem przemawiającym za dywersyfikacją jest fakt, że różne aktywa mogą zachowywać się inaczej w różnych okresach. Na przykład, podczas spowolnienia gospodarczego inwestowanie w obligacje może być bardziej opłacalne niż inwestowanie w akcje. Wartości akcji mogą się zmniejszać, a obligacje mogą pozostać stabilne lub wzrosnąć. Dzięki dywersyfikacji inwestor ma większą szansę na wykorzystanie różnic w zachowaniu się różnych aktywów.

Dywersyfikacja ma również zalety psychologiczne. Inwestowanie w tylko jedno aktywo wiąże się z większym stresem i nerwowością. Kiedy jednak korzystamy z dywersyfikacji, mamy poczucie większego bezpieczeństwa emocjonalnego. Nawet jeśli jedna inwestycja idzie w dół, inne mogą się rozwijać pozytywnie i równoważyć straty.

Jak osiągnąć efektywną dywersyfikację? Kluczem jest staranne rozplanowanie portfela, uwzględniając różne klasy aktywów, takie jak obligacje, akcje, nieruchomości czy surowce. Ważne jest również zrozumienie ryzyka i potencjalnej doniosłości każdego z tych aktywów w kontekście naszej strategii inwestycyjnej.

Wnioski

Dzielenie się ryzykiem poprzez dywersyfikację jest kluczowym elementem udanej strategii inwestycyjnej. Minimalizuje ona ryzyko związane z inwestycją w jedną branżę czy aktywo, zapewniając lepszą ochronę i równoważenie portfela. Dywersyfikacja daje również większe szanse na wykorzystanie różnic w zachowaniu się poszczególnych aktywów.

Warto pamiętać, że dywersyfikacja to nietrudne, ale wymagające zadanie. Wymaga ona odpowiedniego planowania, rozeznania rynku i zrozumienia różnych aktywów. Dlatego też, warto przemyśleć tę strategię inwestycyjną i skonsultować się z doświadczonym doradcą finansowym, który pomoże w opracowaniu optymalnego rozwiązania.

Poprzez dzielenie się ryzykiem i balansowanie portfela, możemy skutecznie minimalizować ewentualne straty i zwiększać nasze szanse na osiągnięcie finansowych celów. Pamiętajmy, że inwestowanie zawsze wiąże się z ryzykiem, dlatego warto być przygotowanym i zastosować właściwą strategię dywersyfikacji.

Portfel inwestycyjny. Skuteczne zarządzanie portfelem

Inwestowanie to sztuka, która wymaga nie tylko wiedzy i doświadczenia, ale przede wszystkim umiejętności skutecznego zarządzania portfelem. Przedstawiam zasady, które pozwolą Ci osiągnąć sukces w inwestowaniu i maksymalizować zyski.

Pierwszym krokiem do skutecznego zarządzania portfelem inwestycyjnym jest, jak pisałem wyżej, ustalenie celów inwestycyjnych. To podstawa, która pomoże Ci określić strategię inwestycyjną i wybrać odpowiednie instrumenty finansowe. Czy chcesz osiągnąć stabilne dochody z niskim ryzykiem, czy może preferujesz agresywną strategię, która wiąże się z większymi możliwościami zysku, ale również większym ryzykiem utraty kapitału?

Odpowiedź na te pytania pomoże Ci sformułować klarowne cele inwestycyjne.

Kolejnym krokiem jest dywersyfikacja portfela inwestycyjnego. Pamiętaj jednak, że dywersyfikacja nie tylko dotyczy różnych instrumentów finansowych, ale również różnych sektorów gospodarki i regionów geograficznych.

Kontrolowanie ryzyka inwestycyjnego to kolejny kluczowy element skutecznego zarządzania portfelem. Zarządzanie ryzykiem polega na identyfikowaniu potencjalnych zagrożeń dla inwestycji i wprowadzaniu odpowiednich zabezpieczeń. Można to osiągnąć poprzez ustawienie odpowiednich limitów strat, stosowanie stop lossów czy też wykorzystywanie instrumentów pochodnych, takich jak opcje. Ważne jest również regularne monitorowanie i analizowanie portfela, aby w razie potrzeby dostosować strategię inwestycyjną.

Drugim aspektem kontroli ryzyka jest umiejętne rozłożenie kapitału na różne aktywa. Nie powinno się inwestować wszystkiego w jedną inwestycję, ale rozdzielić kapitał na różne instrumenty o różnym stopniu ryzyka. Jak się mówi – nie wkładaj wszystkie jajka do jednego koszyka. Dzięki temu, nawet jeśli jedna inwestycja może przynieść stratę, pozostałe mogą zrekompensować tę stratę.

Ostatnim, lecz nie mniej istotnym elementem skutecznego zarządzania portfelem inwestycyjnym jest

cierpliwość. Inwestowanie to proces, który wymaga czasu, dlatego nie można oczekiwać natychmiastowych rezultatów. Ważne jest, aby pozostać spokojnym w momencie spadków czy zakłóceń na rynku i nie podejmować pochopnych decyzji. Pamiętaj, że inwestowanie wiąże się zarówno z zyskami, jak i stratami, dlatego niezbędna jest zdolność do długoterminowego planowania.

Pamiętaj, że inwestowanie to nie tylko gra o wysoką stawkę, ale również możliwość budowania stabilnej przyszłości finansowej.

A propos gry...

Jak już wspomniałem wyżej, gramy w grę Cashflow 101. Uczymy się jak zarządzać pieniędzmi, podejmować ryzyko i budować pasywne dochody. Przekonaj się sam, jak gra ta zmienia perspektywę na temat finansów i otwiera drogę do sukcesu! Dołącz do nas podczas naszej najbliższej sesji Cashflow 101. Nie ignoruj tej wyjątkowej okazji, aby poznać fantastycznych ludzi, z którymi będziemy spędzać czas na rozmowach o finansach i wspólnym doskonaleniu umiejętności. Przypominam, że w ramach „Wyższej Szkoły Edukacji Finansowej” organizujemy seansy tej wspaniałej gry w całej Polsce. Odwiedź za pośrednictwem linku https://www.facebook.com/profile.php?id=61554764087921 stronę na Facebook-u „Wyższej Szkoły Edukacji Finansowej” i sprawdź czy i kiedy w twojej okolicy odbędzie się taki seans oraz ewentualnie zapisz się na udział w nim. Liczba miejsc jest ograniczona, więc śpieszcie się!

Jeśli jesteś zainteresowany, ale nie znalazłeś odpowiadających Ci terminów, to proszę o kontakt ze mną. Coś razem wymyślimy i zorganizujemy.

ROZDZIAŁ 3: TWORZENIE DODATKOWYCH ŹRÓDEŁ DOCHODU

> *"Nie wystarczy być tylko*
> *pracownikiem, należy być również*
> *inwestorem."*
>
> *- Robert Kiyosaki*

Przedsiębiorczość jako droga do sukcesu: Twoja przepustka do osiągnięcia marzeń!

Chciałbym podzielić się z Tobą moimi refleksjami na temat przedsiębiorczości - fascynującej i satysfakcjonującej drogi do osiągnięcia sukcesu. Jeśli jesteś gotowy na inspirację i niezwykłą podróż po świecie możliwości, to zapraszam do dalszego czytania!

Przedsiębiorczość jest jak magiczne klucze, które otwierają drzwi do samorealizacji i spełnienia. To nie tylko tworzenie własnej firmy, lecz również podejście do życia, które skłania nas do wychodzenia poza granice wygodnej strefy. Dlaczego warto podjąć tę ekscytującą przygodę? Powody są liczne i zaskakujące!

Po pierwsze, bycie przedsiębiorcą daje nam niezależność i kontrolę nad własnym losem. Zamiast pracować dla kogoś innego, możemy stać się kapitanem naszej własnej łodzi i kształtować swoją przyszłość zgodnie z własnymi zasadami. Oczywiście, wiąże się to z większym ryzykiem, ale każda nagroda warta jest wysiłku.

Po drugie, przedsiębiorczość to nie tylko odkrywanie pasji i realizacja swojej wizji, ale także możliwość wpływania na świat. Właśnie tak! Poprzez nasze przedsięwzięcia, możemy przyczynić się do zmiany na lepsze, oferując innowacje, rozwiązania społeczne lub tworząc miejsca pracy dla innych. To uczucie spełnienia i satysfakcji jest bezcenne.

Niewątpliwie, by odnieść sukces jako przedsiębiorca, trzeba dysponować zestawem konkretnych umiejętności. Umiejętność kreatywnego myślenia, zdolność do podejmowania ryzyka, elastyczność i umiejętność zarządzania czasem - to tylko niektóre z nich. Jednakże, nie bój się, bo każda z tych umiejętności może zostać rozwinięta i doszlifowana przez ciągłe uczenie się i doświadczenia.

Rozumiem, że podjęcie decyzji o rozpoczęciu własnego biznesu może być przerażające. To normalne! Ale wierz mi, drogi czytelniku, nie ma lepszego momentu niż teraz, aby zacząć działać, o ile już wcześniej nie podjąłeś decyzji aby założyć swój biznes. Czasami wystarczy tylko odrobina odwagi i wiary w siebie, by ruszyć naprzód w kierunku swoich marzeń.

Chciałbym Cię poprosić o jedno: nie trzymaj swoich pomysłów i pasji w ukryciu. Wystaw je na światło dzienne, podziel się nimi z innymi ludźmi i zobacz, jak moc przedsiębiorczości może przenieść Cię na wyższy poziom.

Przedsiębiorczość to nie tylko droga do sukcesu, ale również podróż pełna przygód, wyzwań i rozwoju osobistego. Odkryj w sobie odwagę, uwierz w swoje możliwości i ruszaj naprzód w kierunku swoich marzeń! Nie pozwól, by przeszkody powstrzymały Cię od osiągnięcia tego, czego pragniesz najbardziej.

Świat czeka na Ciebie, abyś mógł wpłynąć na niego swoją wyjątkowością i twórczym podejściem.

Pamiętaj, każdy sukces zaczyna się tam, gdzie kończy się strefa komfortu. Bądź odważny i podejmij działanie już dziś. Przedsiębiorczość to twoja droga do spełnienia marzeń!

Do zobaczenia na szczycie!

Wybór odpowiedniego pomysłu biznesowego

Kiedy już jesteś gotowy na kolejny krok w swoim życiu – stworzenie własnego biznesu, to pojawia się pytanie: jaki pomysł biznesowy wybrać?

Nie jest tajemnicą, że właściwy pomysł biznesowy może zmienić Twoje życie. Dlatego też warto poświęcić czas i energię na znalezienie tego jedynego. Przecież nie chcemy popełnić błędu, tracąc cenny czas i finanse na projekt, który nie przyniesie nam oczekiwanych efektów. Więc jak to zrobić? Jak znaleźć ten idealny pomysł?

Po pierwsze, zanim zaczniemy przerzucać wszystkie książki o biznesie i przeglądać setki stron internetowych, musisz zadać sobie pytania - Co naprawdę chcę osiągnąć? Jakie są moje pasje i umiejętności? Co jest dla mnie ważne? Pamiętaj, że najlepsze pomysły rodzą się z połączenia Twoich zainteresowań i umiejętności z potrzebami rynkowymi. Wyszukaj lukę na rynku, której nikt nie zauważył i zapełnij ją swoim unikalnym pomysłem.

Kolejnym krokiem jest badanie rynku. Przeanalizuj, jakie są trendy i preferencje konsumentów. Obserwuj, co jest popularne i poszukiwane. Bądź na bieżąco z nowościami w swojej branży. Pamiętaj, że biznes musi odpowiadać na konkretne potrzeby klienta. Jeśli Twoja idea jest atrakcyjna dla innych, to masz już ogromny krok do sukcesu! W dobie rozbudowanego internetu to zadanie nie będzie aż tak trudne, jak było jeszcze dekadę czy dwie temu.

Po dokładnym zbadaniu rynku, czas na testowanie pomysłu. Przeprowadź próbę na małą skalę, aby

sprawdzić, czy Twój biznes ma potencjał. Możesz zacząć od założenia konta na mediach społecznościowych lub stworzenia prostego sklepu internetowego. Obserwuj reakcje klientów i ucz się na własnych błędach. Pamiętaj, że nawet najwięksi przedsiębiorcy zaczynali od malutkiego startu.

Ostatni, ale chyba najważniejszy krok: działaj! Nie czekaj na idealny moment, bo takiego momentu nie ma i być nie może. Nie obawiaj się popełniać błędów, bo to one uczą najwięcej. Wyjdź ze strefy komfortu i podążaj za swoimi marzeniami. Pamiętaj, że tylko działając, możesz osiągnąć sukces!

Wiem, że masz ogromny potencjał i jestem przekonany, że Twój pomysł biznesowy może zmienić świat. Zatem nie zwlekaj! Czas na podjęcie działania i przejęcie kontroli nad swoim życiem. Świetlana przyszłość czeka właśnie na Ciebie!

Planowanie i prowadzenie własnej firmy

Pragnę podzielić się z tobą moją pasją i wiedzą na temat planowania i prowadzenia własnej firmy, których nauczyłem się na własnej skórze. Nie ma nic bardziej satysfakcjonującego niż realizować swoje pomysły i budować coś od podstaw. Czasami może wydawać się to trudne i zawiłe, ale z właściwym podejściem i solidnym planem wszystko jest możliwe.

Pierwszym krokiem do sukcesu jest oczywiście planowanie. Bez odpowiedniego planu nawet najambitniejsze cele mogą pozostać jedynie mrzonkami. Wyobraź sobie, że jesteś kapitanem statku, a twój biznes to statek, którym płyniesz przez wzburzone morze rynku. Bez mapy i kursu będziesz dryfował bez celu, narażony na sztormy.

Załóżmy, że lubisz samochody i chcesz stworzyć wyjątkowy w twojej okolicy warsztat samochodowy. Oto jak może wyglądać twój plan na taki biznes:

Krok 1: Moje wizje i cele

Zastanów się, czym chcesz się wyróżnić na rynku i jakie wartości chcesz przekazywać klientom. Czy będzie to najwyższa z możliwych jakość usług. Czy najszybsze naprawy samochodu. Czy całodobowa dostępność usługi. Czy planujesz być warsztatem specjalizującym się w naprawach mechanicznych, czy może chcesz oferować również usługi kosmetyczne dla samochodów? Czy chcesz mieć usługę pomocy drogowej. Określ również swoje cele finansowe i ilość pracowników, jakich chciałbyś zatrudnić.

Krok 2: Badanie rynku

Sprawdź, ile konkurencji jest w Twojej okolicy i jakie usługi oferują. Zidentyfikuj również potencjalnych klientów i zbadaj ich potrzeby. Na podstawie tych informacji będziesz mógł dostosować swoje usługi i strategię marketingową.

Krok 3: Lokalizacja

Wybór odpowiedniej lokalizacji jest kluczowy dla powodzenia warsztatu samochodowego. Poszukaj miejsca, które jest łatwo dostępne i ma duże natężenie ruchu samochodowego. Upewnij się również, że lokalizacja ma odpowiednie udogodnienia, takie jak miejsca parkingowe i dostęp do prądu. Warto zastanowić się również nad możliwością rozwoju w przyszłości i ewentualnym powiększeniem warsztatu.

Krok 4: Niezbędne zezwolenia i licencje

Przed otwarciem warsztatu samochodowego skonsultuj się z lokalnymi organami administracji publicznej, aby uzyskać niezbędne zezwolenia i licencje. Wymagania mogą się różnić w zależności od kraju i regionu, więc upewnij się, że jesteś w pełni zgodny z przepisami prawnymi.

Krok 5: Inwestycje w odpowiednie narzędzia i wyposażenie

Aby prowadzić warsztat samochodowy, będziesz potrzebować odpowiednich narzędzi i wyposażenia. Zainwestuj w wysokiej jakości narzędzia mechaniczne, podnośniki, komputery diagnostyczne i inne niezbędne urządzenia. Skonsultuj się z ekspertami branżowymi, aby dowiedzieć się, jakie narzędzia są niezbędne do wykonywania usług, które zamierzasz oferować.

Krok 6: Zatrudnienie personelu

Zatrudnij wyszkolony personel jest to jeden z najważniejszych elementów warsztatu samochodowego. Poszukaj doświadczonych mechaników i specjalistów ds. napraw samochodowych. Upewnij się, że mają niezbędne kwalifikacje i certyfikaty. Pamiętaj, że dobre umiejętności interpersonalne i obsługa klienta są równie ważne jak techniczna wiedza.

Krok 7: Budowanie marki i strategii marketingowej

Aby przyciągnąć klientów do swojego warsztatu samochodowego, musisz zbudować rozpoznawalną markę i skuteczną strategię marketingową. Stwórz logo i profesjonalną stronę internetową, na której będziesz mógł prezentować swoje usługi. Wykorzystaj również media społecznościowe, takie jak Facebook czy Instagram, aby dotrzeć do potencjalnych klientów. Nie zapomnij również o tradycyjnych metodach reklamy, takich jak ulotki czy ogłoszenia w lokalnej prasie.

Krok 8: Zapewnienie wysokiej jakości usług

Postaraj się zapewnić najwyższą jakość usług dla swoich klientów. Szkol swoich pracowników regularnie, aby byli na bieżąco z najnowszymi technologiami i trendami w branży. Dbaj o to, aby klienci byli zadowoleni z wykonanej pracy i rekomendowali Twój warsztat innym.

Krok 9: Monitoring wyników i rozwój

Regularnie monitoruj wyniki finansowe swojego warsztatu samochodowego. Analizuj swoje przychody i koszty, aby dowiedzieć się, czy jesteś na dobrej drodze do osiągnięcia wyznaczonych celów. Bądź elastyczny i gotowy na zmiany, jeśli zauważysz jakieś niedociągnięcia czy możliwości rozwoju. Inwestuj w rozwój swojego warsztatu poprzez wprowadzanie nowych usług lub zakup bardziej zaawansowanego sprzętu.

Krok 10: Budowanie relacje z klientami

Budowanie trwałych i pozytywnych relacji z klientami jest najlepszym pomysłem na pozyskanie nowych klientów. Zadowolony klient przeprowadzi Ci więcej klientów niż najlepsza reklama i promocja! Pamiętaj o nazwiskach klientów, zapewnij im profesjonalną obsługę i zawsze stawiaj ich potrzeby na pierwszym miejscu. Stosuj politykę uczciwych cen i terminowych dostaw, aby zdobyć lojalność klientów i zbudować pozytywną reputację.

A może jesteś kobietą i uwielbiasz upiększać ludzi? Co powiesz o pomyśle na salon kosmetyczny?

A oto jak może wyglądać plan jego stworzenia:

Krok 1: Określ wizję i cel

Zastanów się, jakiego rodzaju salon chcesz prowadzić i jakie usługi chciałabyś oferować swoim klientkom. Czy chcesz skupić się na pielęgnacji twarzy, masażach, manicure czy może na wszystkich tych obszarach? Pomyśl także o grupie docelowej, czy chcesz skierować swoje usługi do klientów poszukujących luksusu, przy tym zdając sobie sprawy, że takich klientek jest dość ograniczona ilość. Ale utarg z nich będzie większy za sprawą wyższych cen. Czy może bardziej do osób z ograniczonym budżetem, idąc w tak zwaną masówkę – wiele dla małych.

Krok 2: Tworzenie biznesplanu

Opracuj dokładny plan finansowy, uwzględniający koszty założenia salonu, wynajem miejsca, zakup niezbędnego wyposażenia, koszt zatrudnienia personelu itp. Sporządź także plan marketingowy, aby przyciągnąć klientów do Twojego salonu. W tym planie zawrzyj informacje o promocjach, reklamie, a także dodatkowych usługach, które można zaoferować klientom.

Krok 3: Wybierz odpowiednie miejsce

Wybór odpowiedniego miejsca na swój salon kosmetyczny jest kluczowy. Znajdź lokalizację, która jest łatwo dostępna dla klientów i znajduje się w obszarze o wysokim natężeniu ruchu. Sprawdź również, czy istnieje konkurencja w okolicy i zastanów się, jak możesz wyróżnić swój salon od innych. W obecne czasy jednym z koniecznych elementów lokalizacji jest parking samochodowy pobliżu. Przecież dzisiaj nawet nie bardzo zasobni klienci często poruszają się samochodem.

Krok 4: Zakup niezbędnego wyposażenia

Zidentyfikuj, jakie wyposażenie będzie niezbędne do prowadzenia swojego salonu kosmetycznego. Pomoże Ci to określić budżet i skompletować niezbędne narzędzia. Nie zapomnij o dokładnym zbadaniu rynku i znalezieniu dostawców, którzy oferują najlepszą jakość sprzętu w przystępnych cenach.

Krok 5: Skompletuj odpowiedni personel o ile nie chcesz być jednoosobową firmą.

Będąc samemu sobie szefem możesz też zostać mobilnym salonem. Czyli, świadczyć usługi w domu u klientki. To, oczywiście znacząco obniży twoje koszty, ale daleko nie każdy klient życzy sobie korzystać z usług w domu.

Podstawą udanego salonu kosmetycznego jest odpowiednio wykwalifikowany personel. Przeprowadź starannie rekrutacje i zatrudnij tylko najlepszych specjalistów. Upewnij się, że wszyscy pracownicy posiadają odpowiednie certyfikaty i doświadczenie w swojej dziedzinie.

Krok 6: Zadbaj o marketing i reklamę

Aby przyciągnąć klientów do swojego salonu kosmetycznego, musisz zadbać o skuteczną strategię marketingową. Zainwestuj w profesjonalną stronę internetową i w social media, aby dotrzeć do większego grona odbiorców. Opracuj promocje, oferty specjalne i program lojalnościowy, aby zachęcić klientów do korzystania z Twoich usług.

Krok 7: Wprowadzaj innowacje

Aby utrzymać konkurencyjność na rynku, nie zapomnij o wprowadzaniu innowacji do swojego salonu kosmetycznego. Śledź najnowsze trendy w branży i oferuj nowe, innowacyjne usługi. Bądź otwarty na sugestie klientów i stale doskonal swoje umiejętności oraz umiejętności swojego personelu.

Krok 8: Dbaj o klientów

Ważnym elementem prowadzenia salonu kosmetycznego jest dbanie o klientów. Zapewniaj im wysoką jakość usług, indywidualne podejście i przyjazną atmosferę. Zadbaj o regularny kontakt z

klientami, wysyłając im powiadomienia o nadchodzących promocjach, urodzinowe rabaty itp.

Podsumowując, stworzenie i rozwinięcie salonu kosmetycznego wymaga starannego planowania, zidentyfikowania konkretnej wizji i celu, a także skompletowania odpowiedniego personelu i zadbania o skuteczną strategię marketingową. Pamiętaj, że sukces zależy od Twojego zaangażowania i stałej poprawy usług, aby zaspokoić potrzeby klientów.

Jak widzisz, plany stworzenia bardzo różnych biznesów są bardzo podobne. Właściwie różnią się jedynie w specyfice wybranej branży. Podążając za tymi prostymi krokami, możesz stworzyć i rozwijać każdy własny biznes.

Zapraszam do śledzenia mojego bloga, gdzie znajdziesz więcej inspirujących artykułów na temat prowadzenia własnej firmy. Wspólnie możemy osiągnąć wielkie rzeczy!

"Marketing i strategie sprzedaży, które podniosą twoje wyniki!"

Na pewno zastanawiasz się, jak osiągnąć niesamowite sukcesy w sprzedaży? Marzysz o tym, aby twoje produkty lub usługi przyciągały klientów jak magnes? Jeśli tak, to trafiłeś we właściwe miejsce! W dzisiejszym artykule podzielę się z tobą niezwykłymi tajemnicami marketingu i strategii sprzedaży, które pozwolą ci osiągnąć niesamowite rezultaty. Przygotuj się na ekscytującą podróż, która zmieni twoją karierę!

1. Poznaj swoją grupę docelową

Ogromnym błędem wielu sprzedawców jest próba sprzedawania swoich produktów wszystkim. Uważaj! To nie działa! Załóżmy, że prowadzisz usługi fotografa. Wydawałoby się, że masa ludzi, niemal wszyscy, wcześniej czy później robią profesjonalne fotografie. Ale... Jednym ludziom potrzebny fotograf na dokumenty, drugim fotograf weselny, jeszcze inni chcą zrobić sobie fotosesję pamiątkową przykładowo z dziećmi, a niektóre robią zdjęcia z pogrzebu. Każda ta grupa klientów ma bardzo odmienne potrzeby, odpowiednio do każdej inne ma być podejście i droga dotarcia.

Kluczem do skutecznego marketingu i strategii sprzedaży jest poznawanie swojej grupy docelowej jak własnej kieszeni. Dowiedz się, kim są twoi potencjalni klienci, jakie mają potrzeby, marzenia i problemy. Dopiero wtedy będziesz mógł dostosować swoje działania marketingowe do ich oczekiwań i przyciągnąć ich uwagę.

2. Kreuj unikalny wizerunek marki

W dzisiejszym konkurencyjnym świecie, wyróżnianie się jest absolutnie konieczne. Kreowanie unikalnego wizerunku marki pozwoli ci przyciągnąć uwagę klientów i utrzymać ich na dłużej. Wykreuj swoją markę tak, aby była ona spójna, intrygująca i odzwierciedlała wartości, które reprezentujesz. Pamiętaj, że nie chodzi tylko o to, co sprzedajesz, ale o to, jak klient się czuje używając twojego produktu lub korzystając z twoich usług. Bardzo pomocne w kreowaniu własnej marki social media. Ogromne liczba ludzi, zwłaszcza po pandemii szuka towarów, usług oraz opinii o nich oraz dostawcach właśnie w internecie: na Facebook-u, w Instagram itd.

3. Wpływaj na emocje

Nie zapominaj, że większość naszych decyzji zakupowych jest podejmowana pod wpływem emocji. Wykorzystaj tę moc! Twórz kampanie reklamowe, które będą budziły emocje - radość, ekscytację, ciekawość, a nawet smutek. Spróbuj, by klienci poczuli, że twoje produkty lub usługi spełnią ich najskrytsze pragnienia lub rozwiążą problemy, z którymi się borykają. Pamiętaj, że emocje pozostawiają ślad w pamięci, co może prowadzić do większej lojalności klientów.

4. Wykorzystaj potęgę marketingu treści

W erze informacji, marketing treści jest jednym z najskuteczniejszych narzędzi sprzedażowych. Twórz wartościowe i angażujące treści, które dostarczą klientom informacji, porad lub rozrywki. Pamiętaj, że Twoje treści powinny być dostosowane do grupy docelowej i wywoływać pozytywne emocje. Dzięki temu będziesz budować autorytet i zaufanie, co przekłada się na większą wiarygodność i większe prawdopodobieństwo zakupu.

Marketing i strategie sprzedaży to tajemnica sukcesu najlepszych sprzedawców. Poznając swoją grupę docelową, kreując unikalny wizerunek marki, wpływając na emocje i wykorzystując potęgę marketingu treści, możesz osiągnąć niesamowite rezultaty. Pamiętaj o konsekwencji i ciągłym doskonaleniu swoich umiejętności. Zainwestuj w swoje zdolności, testuj nowe strategie i nie boj się eksperymentować. W razie potrzeby i możliwości korzystaj z usług profesjonalistów: agencji reklamowych czy social media. Niech marketing i strategie sprzedaży staną się twoim sprzymierzeńcem, który poszerzy twoje horyzonty i otworzy drzwi do niesamowitych możliwości!

Powodzenia!

Inwestowanie w nieruchomości na wynajem

Skoro czytasz ten e-book, to jestem niemal pewien, że marzysz o pasywnym dochodzie, który będzie płynął do Ciebie bez większego wysiłku? Mam rację? Inwestowanie w nieruchomości na wynajem może być właśnie odpowiedzią na Twoje pragnienia. Pozwól mi opowiedzieć Ci o tej niezwykłej drodze do osiągnięcia finansowej niezależności.

Wielu ludzi obecnie bardzo często sięgają po inwestowanie w nieruchomości. Rynek wynajmu lokali mieszkaniowych i użytkowych rośnie jak na drożdżach. Przyczyną tego zjawiska, moim zdaniem, jest sytuacja z zatrudnieniem. Kiedyś szło się do pracy do zakładu i pozostawało tam aż do emerytury. Dzisiaj to jest niezwykle rzadkie. Dzisiaj ludzie na przestrzeni całego życia zawodowego muszą kilka do kilkunastu razy zmieniać miejsce pracy, a nieraz i zawód. Nie jest rzadkością przy tym i zmiana miejsca zamieszkania. W tej sytuacji nie opłaca się kupować własne mieszkanie lub budować dom. Dopiero pod koniec kariery zawodowej dobrym jest na stałe osiedlić się w jednym, wymarzonym miejscu. Przyjrzyjmy się kilku powodom, dla których warto zainwestować w ten niezwykły rynek.

Przede wszystkim, inwestowanie w nieruchomości to stabilność. Rynek nieruchomości jest dużo mniej podatny na wahania, które często dotykają inwestycje na giełdzie czy na rynku walutowym.

Nieruchomość jest czymś fizycznym i zawsze będzie miała wartość, niezależnie od sytuacji ekonomicznej. Jest to zatem doskonała opcja dla tych, którzy chcą zabezpieczyć swoje pieniądze na przyszłość.

Po drugie, inwestowanie w nieruchomości daje Ci możliwość pasywnego dochodu. Kiedy już zakupisz nieruchomość, możesz zarabiać na niej przez wiele lat, wynajmując ją innym osobom. Co to oznacza? Oznacza to, że nie musisz poświęcać codziennie godzin pracy, aby dostawać pieniądze. Twoja nieruchomość pracuje dla Ciebie, generując przychody, podczas gdy Ty realizujesz swoje pasje i cele życiowe.

Inwestowanie w nieruchomości to również sposób na zabezpieczenie emerytury. Dlaczego uzależniać się od systemu emerytalnego, który często nie spełnia naszych oczekiwań? Twój własny portfel nieruchomości może zagwarantować Ci stabilność finansową po przejściu na emeryturę. Dodatkowo, inwestowanie w nieruchomości daje Ci możliwość korzystania z podatkowych ulg, dzięki czemu oszczędzasz jeszcze więcej.

Teraz, gdy już przekonałem Cię do zaangażowania w inwestowanie w nieruchomości, zastanawiasz się, jak zacząć? Jest to temat rzeka i wymaga oddzielnej rozmowy. Ale kilka słów jednak powiem... Po pierwsze, musisz znaleźć odpowiednią nieruchomość. Wybierz lokalizację, która jest atrakcyjna dla potencjalnych najemców – bliskość szkół, sklepów czy miejsc pracy to czynniki, które podnoszą wartość mieszkania. Następnie, upewnij się, że masz odpowiednie środki finansowe lub zabezpieczenie kredytowe, aby zrealizować transakcję. Nie zapomnij również o przeprowadzeniu dokładnego badania rynku i wycenie nieruchomości.

Moim zdaniem warto zainteresować się czymś takim jak flipy.

Flip to popularna strategia inwestycji w nieruchomości, która polega na kupowaniu nieruchomości w celu szybkiego odnowienia ich i sprzedaży z zyskiem lub wynajęcia. Inwestor, zwany też "flipperem", poszukuje nieruchomości, które są dostępne w atrakcyjnej cenie lub wymagają pewnych remontów lub modernizacji. Następnie przeprowadza niezbędne prace, aby podnieść wartość nieruchomości i szybko ją sprzedać.

Istnieje kilka rodzajów flipów. Najpopularniejszy to "fix and flip", czyli zakup nieruchomości, przeprowadzenie remontu i sprzedaż w jak najkrótszym czasie. Fliper może korzystać ze swoich umiejętności i doświadczenia w remontach lub wynająć zespół specjalistów do wykonania prac. Celem jest zwiększenie wartości nieruchomości poprzez poprawę jej stanu technicznego i estetycznego, co przyciągnie większą liczbę potencjalnych kupujących i pozwoli na osiągnięcie wyższej ceny sprzedaży.

Innym rodzajem flipa jest "wholesale flip", gdzie inwestor kupuje nieruchomość w atrakcyjnej cenie, ale nie przeprowadza remontu. Zamiast tego, sprzedaje tę nieruchomość innym inwestorom za nieco wyższą cenę, pozostawiając im pracę nad remontem. Ten rodzaj flipa wymaga dobrej znajomości rynku nieruchomości i umiejętności negocjacyjnych, aby znaleźć okazje i przekonać inwestorów do zakupu nieruchomości.

Flipy są popularne ze względu na swoje potencjalne zyski i szybki obrót kapitałem. Jednak są także powiązane z ryzykiem, ponieważ warunki rynkowe nieruchomości mogą się zmieniać, a koszty remontów mogą być wyższe niż początkowo zakładano. Dlatego inwestorzy muszą prowadzić dokładne badania rynkowe i analizować potencjalne zyski i ryzyka przed podjęciem decyzji o zakupie nieruchomości do flipowania.

Inwestor w nieruchomości może wykorzystać swoje doświadczenie i wiedzę związane z branżą nieruchomości do pisania książek o tematyce inwestycji, flipów i zarabiania na nieruchomościach. Może dzielić się swoimi strategiami, sukcesami i porażkami, inspirując innych do rozpoczęcia własnej przygody z inwestowaniem w nieruchomości. To jest kolejny sposób na dochód pasywny.

Nie możesz się doczekać, aby rozpocząć tę przygodę?

Nie zwlekaj dłużej – zacznij działać już dziś! Możliwości są nieograniczone, a przyszłość jest świetlana. Polecam książki Daniela Siwca, jedna z których widnieje na zdjęciu.

Inwestowanie w spółki dywidendowe - tajemnica sukcesu na giełdzie

Wyobraź sobie, że co miesiąc otrzymujesz przelew od spółki, w którą zainwestowałeś. Brzmi nierealnie? Nic bardziej mylnego! Inwestowanie w spółki dywidendowe to prawdziwa tajemnica sukcesu na giełdzie, która może spełnić Twoje marzenia finansowe.

Zacznijmy od podstaw – czym dokładnie są spółki dywidendowe? To firmy, które regularnie wypłacają swoim akcjonariuszom czy inaczej udziałowcom dywidendy, czyli część zysku generowanego przez firmę. Inwestując w takie spółki, stajesz się właścicielem części zysków i masz prawo do ich otrzymywania w formie dywidend. To jakbyś miał własny kawałek tortu - im więcej akcji, tym większy kawałek dla Ciebie! Co to oznacza? Po prostu zarabiasz na swoich inwestycjach, nie wykonując przy tym żadnej dodatkowej pracy. To właśnie dywidendy są Twoim ekstra źródłem dochodu, które możesz wykorzystać na realizację swoich marzeń.

Spółki dywidendowe charakteryzują się niższym ryzykiem inwestycyjnym w porównaniu do innych form inwestowania na giełdzie. Regularne wypłaty dywidend świadczą o stabilności finansowej firmy i postrzegane są jako dobry znak dla inwestorów.

Dlatego inwestowanie w te spółki może być jednym z najbezpieczniejszych sposobów na powiększenie swojego portfela.

Dywidendy, które otrzymujesz od spółek, mogą zostać automatycznie reinwestowane. To znaczy, że zamiast wypłacania Ci ich w gotówce, firma dokona zakupu dodatkowych akcji w Twoim imieniu. To idealne rozwiązanie dla tych, którzy chcą zwiększać swój kapitał i poszerzać udziały w firmach. W ten sposób realizuje się mechanizm procentu składanego, okrzykniętego ósmym cudem świata.

Inwestowanie w spółki dywidendowe może przynieść nie tylko dochody z regularnych wypłat dywidend, ale również wzrost wartości samej spółki. Większość spółek dywidendowych dąży do utrzymania stabilnego wzrostu wartości, co powoduje wzrost wartości akcji na dłuższą metę. Dlatego inwestując w te spółki, masz szansę zarobić nie tylko na dywidendach, ale również na wzroście wartości swojego portfela.

Inwestowanie w spółki dywidendowe to również sposób na zabezpieczenie finansowe na przyszłość. Dywidendy mogą być świetnym uzupełnieniem Twojej emerytury lub planu inwestycyjnego. Długoterminowa strategia inwestycyjna w spółki dywidendowe może przynieść stały strumień przychodów nawet po zakończeniu aktywnej kariery zawodowej.

Teraz, gdy już wiesz, dlaczego inwestowanie w spółki dywidendowe to naprawdę opłacalny pomysł, pozostaje tylko jedno pytanie: jak rozpocząć inwestycje? Na rynku istnieje wiele spółek, które regularnie wypłacają dywidendy, ale warto zwrócić uwagę na ich fundamenty, historię wypłat dywidend oraz plany rozwoju.

Pamiętaj, że mimo wszystko, inwestowanie na giełdzie wiąże się z ryzykiem. Jeśli jednak jesteś gotów podjąć wyzwanie, inwestowanie w spółki dywidendowe może być dla Ciebie doskonałym sposobem na budowę pasywnego źródła dochodu. Postaw na stabilność, regularne dochody i wzrost potencjału wartości jako elementy sukcesu na rynku akcji. Niech Twój portfel zacznie zarabiać dla Ciebie!

Wykorzystaj technologię by generować pasywne dochody!

Dobrą wiadomością jest to, że teraz istnieje wiele możliwości wykorzystania technologii do generowania pasywnych dochodów. Przeczytaj ten rozdział do końca i dowiedz się, jak zacząć!

E-booki i e-kursy: W dzisiejszym cyfrowym świecie, publikowanie e-booków i tworzenie e-kursów stało się nie tylko popularne, ale i bardzo dochodowe. Wiesz dużo na temat gotowania, programowania, szycia, majsterkowania, pielęgnacji psów, opieki nad dziećmi czy marketingu? Skorzystaj z tej wiedzy, zamień ją w wartościowy produkt informacyjny i sprzedawaj go online! W każdej dziedzinie znajdziesz odbiorców twojej wiedzy i doświadczenia. Niezależnie od tego, czy zdecydujesz się promować swoje produkty samodzielnie, czy też wejdziesz w partnerstwo z innymi platformami, pasywne wpływy, jakie możesz uzyskać z takiego przedsięwzięcia, są ogromne.

Twórz aplikacje mobilne: Smartfony i tablety są obecnie nieodłączną częścią życia większości ludzi. Dlaczego więc nie wykorzystać tego trendu do generowania dochodów? Jeśli posiadasz umiejętności programistyczne lub wiesz, jak zorganizować zespół programistów, stwórz własne aplikacje. Możesz zarabiać na nich poprzez reklamy, subskrypcje premium lub sprzedaż produktów i usług. Ta technologia naprawdę otwiera drzwi do pasywnych wpływów!

Własny blog lub strona internetowa: Blogowanie stało się fenomenem ostatnich lat, a liczba osób, które generują dochody z prowadzenia swoich stron internetowych, rośnie lawinowo. Wybierz temat, który Cię pasjonuje, napisz ciekawe artykuły, przyciągnij czytelników i zarabiaj na reklamach, programach partnerskich lub sprzedaży produktów afiliacyjnych. Twój blog może stać się niesamowitym źródłem pasywnego dochodu.

Zostań influencer-em. Influencer to krótkie określenie dla osoby posiadającej duży wpływ na decyzje i opinie innych. Niemniej jednak, takie ujęcie influencera jest nieco problematyczne. W rzeczywistości każdy z nas ma możliwość wpływania na decyzje innych osób. W szerszym kontekście, influencer nie tylko wywiera wpływ, ale także utrzymuje trwałe relacje z ogromną grupą odbiorców, którzy silnie się z nim identyfikują. Poprzez swoje wyrażane opinie, influencer potrafi skutecznie wpływać na opinie społeczności skupionej wokół niego. Możemy również używać terminów takich jak lider czy przywódca opinii, aby opisać tego typu osobę. Dlatego przyjmujemy, że influencer to przede wszystkim osoba posiadająca bloga, vloga, konto na Youtubie, Snapchacie lub innym portalu społecznościowym, która może swoimi opiniami wpływać na większe grono ludzi.

Taki wpływ na społeczność można monetyzować i stworzyć bardzo interesujący dochód pasywny. Przykładowo, podpisując kontrakty z reklamodawcami i umieszczając jego treści reklamowe na swoich zasobach w internecie. Lub wplatając reklamy w swoje treści.

Inwestuj w kryptowaluty: Kryptowaluty od dłuższego czasu krążą w myślach wielu ludzi i bez wątpienia stanowią jedno z najgorętszych źródeł pasywnych dochodów. Zakup bitcoina czy innej kryptowaluty i oczekiwanie na jej wzrost wartości może przynieść znaczne zyski. Ale to nie jedyny sposób na zwiększenie kapitału. Od kilku ostatnich lat potężnego rozpędu nabiera zarabianie na tak zwanych transakcjach arbitrażowych kryptowalut z zastosowaniem technologii sztucznej inteligencji. I choć ta technologia w ogromnym stopniu obniża ryzyko straty środków, pamiętaj jednak, że inwestowanie w kryptowaluty wiąże się z ryzykiem, dlatego zawsze bądź ostrożny i dokładnie analizuj rynek.

Przed Tobą fascynująca droga ku finansowej wolności i tym samym upragnionej niezależności finansowej, a co za tym idzie, również niezależności osobistej. Teraz, gdy masz wiedzę i narzędzia, aby zacząć, nie pozostaje nic innego, jak podejść do tego zdecydowanie i podjąć działanie!

ROZDZIAŁ 4: UTRZYMANIE FINANSOWEJ NIEZALEŻNOŚCI

"Celem nie jest osiągnięcie finansowej niezależności, ale utrzymaniem jej."

- Robert Kiyosaki

Ochrona majątku

Dbanie o własną stabilność finansową oraz chronienie swojego majątku jest ważne i należy podjąć odpowiednie kroki w celu utrzymania finansowej niezależności oraz zabezpieczenia naszego majątku.

Po pierwsze, powiedzmy sobie to raz jeszcze, kluczowym elementem utrzymania finansowej niezależności jest oszczędzanie pieniędzy. Regularne gromadzenie środków finansowych pozwoli nam mieć zabezpieczenie w razie nagłych wydatków lub utraty dochodu. Pamiętajmy, że dobrym zwyczajem jest odkładanie co najmniej 10%

swojego zarobku jako oszczędności. Ponadto, warto również tworzyć rezerwy na nieprzewidziane sytuacje, na przykład na utratę pracy czy nagłe problemy zdrowotne.

Ważną, a powiedziałbym najważniejszą częścią utrzymania finansowej niezależności jest również inwestowanie. Dzięki odpowiednim inwestycjom możemy znacząco zwiększyć nasze dochody, osiągając większy zwrot z zainwestowanych środków oraz zapewnić sobie bezpieczną przyszłość finansową. Jednak, aby osiągnąć efektywność w inwestowaniu, warto skorzystać z pomocy doświadczonego specjalisty, który nie tylko pomoże nam dobrze zrozumieć nasze potrzeby i możliwości, ale także zaproponuje odpowiednie produkty inwestycyjne. Taki ekspert posiada wiedzę i umiejętności niezbędne do przeprowadzenia dogłębnej analizy rynku, identyfikacji najbardziej korzystnych produktów inwestycyjnych oraz opracowania spersonalizowanej strategii inwestycyjnej. Wykorzystanie usług takiego specjalisty gwarantuje, że nasze inwestycje będą dostosowane do naszych celów oraz maksymalizują nasze potencjalne zyski. Odnalezienie odpowiednich produktów inwestycyjnych jest niezwykle ważne, ponieważ różnią się one pod względem ryzyka, potencjalnego zwrotu oraz czasu trwania. Profesjonalny specjalista pomoże nam uniknąć potencjalnych pułapek i nieodpowiednich inwestycji, zapewniając nam spokojną przyszłość i komfort finansowy. Właśnie dlatego opracowałem i oferuję Tobie i innym zainteresowanym indywidualne konsultacje w zakresie inwestowania i zarządzania domowym budżetem.

Szczególnie istotne dla ochrony majątku jest posiadanie ubezpieczeń, które chronią nas przed różnymi ryzykami, takimi jak wypadek samochodowy czy uszkodzenie mienia. Warto skorzystać z rad doświadczonego specjalisty w dziedzinie ubezpieczeń. Ważne jest, aby ubezpieczenia były dopasowane do naszych indywidualnych potrzeb i abyśmy mieli wystarczające pokrycie w razie nieprzewidywanych sytuacji.

Najczęściej spotykanymi rodzajami ubezpieczeń są ubezpieczenia zdrowotne, samochodowe, mieszkaniowe i na życie. Ubezpieczenie zdrowotne daje nam pewność, że w przypadku choroby czy wypadku będziemy mieli dostęp do prywatnej opieki medycznej i unikniemy długich kolejek w systemie publicznym. Ubezpieczenie samochodowe z kolei chroni nas przed nieprzewidzianymi kosztami związanymi z naprawą pojazdu, a także w przypadku wypadku pokrywa koszty szkód wyrządzonych innym kierowcom czy poszkodowanym osobom.

Ubezpieczenie mieszkaniowe to zabezpieczenie mieszkania lub domu przed ewentualnymi szkodami, takimi jak pożary, zalania czy kradzieże. Warto jednak zapoznać się z dokładnym zakresem polisy, aby upewnić się, że obejmuje ona wszystkie możliwe zagrożenia, które mogą nas dotknąć.

Ubezpieczenie na życie to z kolei sposób na zapewnienie finansowego bezpieczeństwa naszym bliskim w przypadku naszej nagłej śmierci. Polisa taka może pomóc naszym najbliższym w opłaceniu codziennych wydatków, spłacie kredytów czy zabezpieczeniu przyszłości naszych dzieci.

Wybierając ubezpieczyciela, należy pamiętać o jego wiarygodności oraz renomie na rynku. Dobrze jest sprawdzić opinie innych klientów i porównać oferty różnych firm, aby znaleźć najlepsze rozwiązanie dla siebie. Przy wyborze warto również brać pod uwagę dodatkowe korzyści oferowane przez ubezpieczyciela, takie jak pomoc w awaryjnych sytuacjach czy profesjonalne doradztwo.

Kluczem do skutecznych ubezpieczeń jest również regularne aktualizowanie naszych polis. Nasza sytuacja życiowa, zarówno finansowa jak i osobista, może ulegać zmianom. Dlatego ważne jest, aby dostosować swoje ubezpieczenia do nowych okoliczności. Na przykład, po zakupie nowego samochodu warto zaktualizować polisę ubezpieczeniową, by mieć pewność, że jesteśmy odpowiednio zabezpieczeni.

Ponadto, warto również rozważyć ustanowienie testamentu oraz stworzenie pełnomocnictw, które umożliwią nam kontrolę nad naszym majątkiem nawet w przypadku, gdybyśmy byli niezdolni do podejmowania decyzji. To ważne działania, które mogą zapewnić naszej rodzinie spokój i ochronę naszych interesów.

Zabezpieczanie przyszłości poprzez oszczędzanie na emeryturę

Oszczędzanie na emeryturę to kluczowy aspekt planowania finansowego, który stanowi fundament dla naszej przyszłości i zapewnia nam godne życie po zakończeniu aktywnej kariery zawodowej. Niezależnie od tego, ile mamy lat czy jakie osiągamy dochody, warto inwestować w oszczędności, które umożliwią nam dostatnią starość, finansową swobodę i niezależność od innych osób.

Podczas oszczędzania na emeryturę, istotne jest patrzenie szerzej niż tylko na doraźne potrzeby. Podejmowanie mądrych decyzji finansowych teraz, wpływa na naszą zdolność do czerpania korzyści w przyszłości. Dzięki systematycznemu odkładaniu funduszy, budujemy solidne podstawy, które pozwolą nam utrzymać standard życia, na jaki zasługujemy.

Oszczędzanie na emeryturę nie musi być skomplikowane ani trudne. Ważne jest posiadanie spójnego i realistycznego planu, dostosowanego do naszych indywidualnych potrzeb i możliwości. Odpowiednie narzędzia, takie jak indywidualne konta oszczędnościowe, fundusze emerytalne czy lokaty, mogą nam pomóc w efektywnym zarządzaniu naszymi środkami.

Inwestowanie w oszczędności na emeryturę nie tylko zapewnia nam spokój, ale także daje nam poczucie kontroli nad naszymi finansami. Zamiast polegać na wsparciu innych osób czy korzystać z państwowych świadczeń, oszczędzanie umożliwia nam samodzielność i niezależność. To my decydujemy o tym, jak chcemy wykorzystać nasze środki na emeryturze, czy to podróżując, realizując swoje pasje czy wspierając swoją rodzinę.

Nie zwlekajmy z rozpoczęciem oszczędzania na emeryturę. Im wcześniej zaczynamy, tym większe korzyści możemy odnieść. Nawet niewielkie sumy regularnie odkładane mogą urosnąć znacząco w ciągu wielu lat. Każda złotówka jest ważna i może przyczynić się do budowy naszego bezpiecznego i dostatniego jutra.

Dlatego też oszczędzanie na emeryturę powinno być dla nas priorytetem. Niezależnie od naszej sytuacji obecnej, warto myśleć o przyszłości i działać zgodnie z tymi planami. Pamiętajmy, że to nasza starość, nasze finanse i nasza odpowiedzialność. Inwestowanie w oszczędności na emeryturę to inwestycja w siebie i w nasz spokojny oraz godny byt w późniejszych latach życia.

Pierwszym krokiem do oszczędzania na emeryturę jest stworzenie realistycznego planu finansowego. Dokładnie tak jak opisałem to wyżej. Często ważne jest również skonsultowanie się z doświadczonym specjalistą finansowym, który pomoże nam stworzyć odpowiedni plan na nasze potrzeby. Zastosowanie się do wskazówek doświadczonego specjalisty i utrzymanie zdrowych nawyków finansowych na pewno przyniesie korzyści w długim okresie czasu. Możesz ten plan połączyć z

ogólnym planem inwestycyjnym, a możesz wydzielić go w osobny program.

Ważnym aspektem oszczędzania na emeryturę jest systematyczność. Regularne odkładanie pewnej kwoty pieniędzy oraz jej bezpieczne zainwestowanie może być realizowane poprzez automatyczne przelewy na specjalne konto oszczędnościowe lub przez wycofywanie pewnej części dochodów i przeniesienie ich na dodatkowy rachunek bankowy. Dzięki temu unikamy pokusy wydawania zaoszczędzonych pieniędzy na bieżące potrzeby.

Pamiętajmy, że to co robimy dzisiaj, ma ogromne znaczenie dla naszej starości.

Nie można zapominać o znaczeniu ciągłego rozwoju i aktualizacji wiedzy z zakresu zarządzania finansami. Świat finansów jest dynamiczny i stale się zmienia, dlatego ważne jest, aby być na bieżąco z najnowszymi trendami i zmianami na rynku. Czytanie książek, artykułów i blogów na ten temat, a także uczestnictwo w konferencjach i szkoleniach, pozwoli Ci rozwinąć Twoje umiejętności zarządzania finansami.

W dzisiejszych czasach, kiedy dostęp do informacji i wiedzy jest powszechny, szukanie informacji stało się nieodłącznym elementem naszego życia. Niezależnie od tego, czy jesteśmy studentami, pracownikami czy po prostu ciekawymi świata jednostkami, wiedza staje się niewyczerpanym źródłem możliwości rozwoju.

Szukanie informacji jest procesem, który wymaga zarówno umiejętności, jak i zasobów. W erze technologii, większość z nas korzysta z wyszukiwarek internetowych, aby znaleźć odpowiedzi na swoje pytania. Jednakże, większość z tych odpowiedzi pochodzi z różnych źródeł, a nie wszystkie są wiarygodne. Dlatego ważne jest, aby być krytycznym i wybierać tylko sprawdzone i rzetelne źródła informacji.

Nauka od ekspertów to jeden z najlepszych sposobów na zdobycie głębszej wiedzy na dany temat. Ekspert to osoba, która posiada specjalistyczną wiedzę i doświadczenie w określonej dziedzinie. Ich wiedza jest wynikiem wieloletnich badań, nauki i praktyki. Wiedza ta jest bezcenna i może pomóc nam rozwijać się oraz zdobywać nowe umiejętności. Dlatego po latach uczenia się i praktyk finansowych zdecydowałem zaoferować ludziom moje konsultacje finansowo-inwestycyjne.

Jedną z głównych zalet nauki od ekspertów jest fakt, że można korzystać z ich doświadczenia i przyspieszyć swój własny rozwój. Dzięki temu, unikamy częstych błędów, które moglibyśmy popełnić, gdybyśmy próbowali zdobywać wiedzę samodzielnie. Ekspert może podpowiedzieć nam skuteczne strategie, techniki i metody, które sprawdziły się w praktyce.

Kolejnym plusem nauki od ekspertów jest to, że dają nam bezpośrednią odpowiedź na nasze pytanie. Dzięki ich wiedzy możemy znaleźć odpowiedzi na bardziej zaawansowane pytania, których nie znajdziemy w popularnych źródłach informacji. Wielu ekspertów oferuje również szkolenia, kursy czy warsztaty, które pozwalają nam na zdobycie praktycznych umiejętności.

Jednakże, aby maksymalnie wykorzystać potencjał nauki od ekspertów, ważne jest, aby być otwartym i gotowym na naukę. Musimy zdawać sobie sprawę, że nie posiadamy pełnej wiedzy na dany temat i jesteśmy gotowi uczyć się od innych. Trzeba być również cierpliwym, ponieważ zdobywanie nowych umiejętności wymaga czasu i wysiłku.

Stałe doskonalenie umiejętności budowania majątku.

Budowa i zarządzanie majątkiem jest działaniem, wymagającym stałego doskonalenia umiejętności. Niezależnie od tego, czy jesteś początkującym inwestorem czy doświadczonym przedsiębiorcą, ciągłe doskonalenie umiejętności jest niezbędne dla skutecznej budowy i zarządzania majątkiem.

Jak już niejednokrotnie pisałem wyżej, pierwszym elementem, na który warto zwrócić uwagę, jest zdobycie wiedzy teoretycznej. Wiedza, wiedza i jeszcze raz wiedza! Początkujący inwestor powinien zapoznać się z podstawowymi pojęciami związanymi z rynkiem finansowym. Warto również zgłębić różne strategie inwestycyjne i sposoby zarządzania ryzykiem. Nawet jeśli posiadasz już pewną wiedzę w tym zakresie, warto stale poszerzać swoje horyzonty poprzez lekturę książek, artykułów i uczestnictwo w warsztatach i szkoleniach.

Drugim aspektem jest zdobycie praktycznego doświadczenia. Nic nie zastąpi praktycznego działania i nabywania wiedzy poprzez bezpośrednie inwestowanie i podejmowanie decyzji. Przez aktywne uczestnictwo na rynku finansowym, będziesz mógł lepiej zrozumieć, jak działają różne instrumenty inwestycyjne i jak reagują na zmieniające się warunki rynkowe. Warto także eksperymentować z różnymi strategiami inwestycyjnymi i obserwować ich wyniki. Przy czym, absolutnie niekoniecznym jest angażowanie dużych pieniędzy w pierwsze inwestycje. Często wystarczy 500 zł, a już można poczuć efekty, jakie oferują inwestycje.

Trzecim aspektem, który warto podkreślić, jest umiejętność zarządzania emocjami. Inwestowanie może być stresującym doświadczeniem, zwłaszcza w przypadku nagłych ruchów rynkowych.

Umiejętność zachowania spokoju i podejmowania racjonalnych decyzji w takich sytuacjach jest kluczowa dla skutecznego zarządzania majątkiem. Warto zwrócić uwagę na rozwijanie umiejętności radzenia sobie ze stresem i stosowania technik relaksacyjnych, takich jak medytacja czy praktyka mindfulness.

Kolejnym aspektem, który nie może być pominięty, to świadomość finansowa. Niezależnie od tego, jaką sumę pieniędzy zarabiasz, ważne jest, aby mieć świadomość swoich dochodów i wydatków oraz prowadzić budżet domowy. Regularna kontrola finansów pozwoli na planowanie i osiąganie swoich celów finansowych. Prowadzenie rejestru wydatków i dochodów oraz regularne analizowanie swojej sytuacji finansowej pozwoli ci na świadome podejmowanie decyzji inwestycyjnych. Ponownie polecam skorzystanie z opracowanych przeze mnie darmowych arkuszy kalkulacyjnych.

Ostatnim, ale nie mniej ważnym elementem jest zdolność do nauki na błędach. Nawet doświadczeni inwestorzy czasami popełniają błędy, które prowadzą do straty kapitału. Jednak niezwykle ważnym czynnikiem jest umiejętność wyciągania wniosków z tych błędów i wprowadzanie niezbędnych zmian do swojej strategii inwestycyjnej. Stałe doskonalenie umiejętności polega na uczeniu się na swoich porażkach i błędach oraz korygowaniu swojego podejścia.

Niezależnie od stopnia doświadczenia, warto dążyć do ciągłego rozwoju i podnoszenia swoich umiejętności, aby efektywnie budować i zarządzać swoim majątkiem.

Jako doświadczony specjalista finansowy, zachęcam Cię, Szanowny Czytelniku, do podejmowania działań mających na celu osiągnięcie stabilnej sytuacji finansowej. Z poprzednich rozdziałów tej książki już wiesz, że posiadanie stabilnej sytuacji finansowej daje poczucie bezpieczeństwa, ogranicza stres związany z brakiem pieniędzy oraz daje większą swobodę w podejmowaniu decyzji. Ta praca, którą ewentualnie przyjdzie Ci wykonać z nawiązką wynagrodzi ten twój wysiłek! Wiem to z własnego doświadczenia.

PODSUMOWANIE

Z całym przekonaniem zachęcam do skorzystania z moich usług, ponieważ moje doświadczenie i sukces w dziedzinie finansów udowadniają, że można szybko i sprawnie osiągnąć finansową niezależność, niezależnie od pozycji startowej. Nie będę udawać skromnego i powiem wprost - posiadam bogate portfolio inwestycyjne i osiągnąłem znaczący sukces finansowy, jak na uchodźcę z biednego postsowieckiego kraju lat 90-tych. Zdobyta przez wiele lat wiedza i umiejętności są godne zaufania i stanowią wartościowe źródło informacji dla każdego, kto pragnie osiągnąć podobne rezultaty.

Wierzę, że książka "Sekrety finansowej inteligencji: Jak zacząć tworzyć i pomnożyć swój majątek oraz osiągnąć finansową niezależność" stanie się dla Ciebie niezwykle wartościowym źródłem informacji, jako osoby pragnącej osiągnąć sukces finansowy. Dzięki niej możesz zdobyć potrzebną wiedzę i narzędzia, aby zacząć budować swój majątek i osiągnąć finansową niezależność.

Niech nam wszystkim dopomoże Bóg!

Wrocław, 2023 r.

Bibliografia:

Wallace D. Wattles „Sztuka wzbogacania się", Wydawnictwo Złote Myśli, marzec 2008

Robert T. Kiyosaki „Bogaty ojciec biedny ojciec", Instytut Praktycznej Edukacji, styczeń 2018

Robert T. Kiyosaki „Kwadrant przepływu pieniędzy", Instytut Praktycznej Edukacji, styczeń 2003

Pomocna lektura:

1. "Bogaty ojciec, biedny ojciec" - Robert Kiyosaki, Sharon L. Lechter (Wydawnictwo Studio Emka, 2005)

2. "Miliarderzy na sprzedaż" - Ewa Wysocka (Wydawnictwo Czarna Owca, 2018)

3. "Inteligentny inwestor" - Benjamin Graham (Wydawnictwo MT Biznes, 2015)

4. "Złote myśli Warrena Buffetta" - Janet Lowe (Wydawnictwo MT Biznes, 2012)

5. "Świat według zasad Buffetta" - Mary Buffett, David Clark (Wydawnictwo MT Biznes, 2012)

6. "Jak inwestować w nieruchomości" - Robert T. Kiyosaki (Wydawnictwo Studio Emka, 2014)

7. "Prawdziwy sukces w biznesie" - Paul J. Meyer (Wydawnictwo Helion, 2015)

8. "Droga do wolności finansowej" - Bodo Schäfer (Wydawnictwo MT Biznes, 2011)

9. "Jak przetrwać kryzys finansowy" - Robert T. Kiyosaki (Wydawnictwo Studio Emka, 2009)

10. "Zarządzanie finansami osobistymi" - Jerzy Kozłowski (Wydawnictwo C.H. Beck, 2017)

SEKRETY FINANSOWEJ INTELIGENCJI

11. "Najbogatszy człowiek w Babilonie" - George S. Clason
(Wydawnictwo MT Biznes, 2013)

12. "Jak skutecznie inwestować w akcje" - William J. O'Neil
(Wydawnictwo MT Biznes, 2014)

13. "Błędy inwestycyjne, które popełniają amatorzy" - Jakub Bożydar
Wiśniewski (Wydawnictwo MT Biznes, 2015)

14. "Jak zdobyć przyjaciół i zjednać sobie ludzi" - Dale Carnegie
(Wydawnictwo MT Biznes, 2016)

15. "Mistrzostwo sprzedaży" - Tom Hopkins (Wydawnictwo Studio
Emka, 2012)

16. "Zarządzanie czasem" - Brian Tracy (Wydawnictwo MT Biznes,
2010)

17. "Sztuka negocjacji" - Roger Fisher, William Ury (Wydawnictwo
Studio Emka, 2009)

18. "Jak przyciągnąć pieniądze do swojego życia" - Joseph Murphy
(Wydawnictwo MT Biznes, 2017)

19. "Jak osiągnąć sukces w biznesie" - Napoleon Hill (Wydawnictwo
Studio Emka, 2011)

20. "Jak stać się milionerem" - Brian Tracy (Wydawnictwo MT
Biznes, 2008)

Made in the USA
Las Vegas, NV
24 January 2024

84779490R10066